事业单位小型基建类项目风险识别与审计监督

刘秀芳 王 健 严 枫 ◎主编

研究所小型基建项目审计研究课题组成果

科学出版社

北京

内 容 简 介

本书从理论和实务出发，系统阐述了事业单位内部小型基建类项目的业务特点和运行规律，并从项目管理的角度梳理了实施过程中的主要风险与管控措施。以此为基础，本书又从项目全过程审计监督的维度，详细列示了项目实施周期中各关键环节的审计监督要点和方法，并通过具体的审计案例予以解读、运用，为从事基本建设项目管理、财务核算、审计监督的从业人员提供参考和借鉴。

本书内容翔实，案例丰富，通俗易懂，图文并茂，适合非专业普通读者入门阅读和学习。

图书在版编目（CIP）数据

事业单位小型基建类项目风险识别与审计监督／刘秀芳，王健，严枫主编. —北京：科学出版社，2023.8
ISBN 978-7-03-075781-4

Ⅰ. ①事… Ⅱ. ①刘… ②王… ③严… Ⅲ. ①行政事业单位–基本建设项目–风险管理–中国 ②行政事业单位–基本建设项目–审计监督–中国 Ⅳ. ①F284 ②F239.222

中国版本图书馆 CIP 数据核字（2023）第 108002 号

责任编辑：王丹妮／责任校对：姜丽策
责任印制：霍 兵／封面设计：有道设计

科学出版社 出版
北京东黄城根北街 16 号
邮政编码：100717
http://www.sciencep.com

天津市新科印刷有限公司 印刷
科学出版社发行 各地新华书店经销

*

2023 年 8 月第 一 版　开本：720×1000　1/16
2024 年 1 月第二次印刷　印张：12
字数：239 000
定价：86.00 元
（如有印装质量问题，我社负责调换）

编委会

顾问：
　　袁　东　倪　宏

主编：
　　刘秀芳　王　健　严　枫

编委：
　　付小果　刘晓蕊　张仲雷　张会芳　刘　刚
　　王晓敏　李文邦　周粟曦　张旭东　张微微
　　张世伟　徐　华　王　娟　赵文萍　田晓霞
　　王爱菊　程　岩　刘宏伟　刘珍欣　丁晓蕾
　　肖依薇　南庆平　陈　洁　刘宁（女）刘宁（男）
　　王　珏

前　言

1. 编写需求

随着社会经济的不断发展，事业单位（尤其是科研院所）的各类业务也逐年增长，为改善科研工作环境，加强后勤支撑保障，各单位在科研平台改造、特殊场所小规模修缮、室内外基础设施改造更新等方面，加大了投资力度。从业务特点上看，这些小规模修缮改造类项目具有基本建设工程项目的特点，但因其具有施工作业规模小、经费来源多样、与科研目标相配套等综合特点，并不受国家基建工程程序规范约束，无须向规划、环保、消防等专业机构报批；并且大多数项目以为科学研究提供条件保障和基础配套为目的，项目兼具土建工程与科学研究的特殊性，与一般意义上的基本建设工程相比存在较大差异。从经济属性上看，这类项目的管理在事业单位法人经济责任范围内，由单位法人承担经济主体责任，是单位内控体系框架范围内的一类重要经济活动。从风险防控的角度看，以近些年的审计通告、违规违纪案件披露的事项和内容衡量，此类业务活动成为事业单位监管的薄弱环节和舞弊行为的高发领域，是加强对领导干部规范运用权力、落实经济主体责任的监管工作的切入点，是加强单位的监督管理、提升单位综合治理质量的重要抓手。因此，站在单位法人经济责任的视角，加强对小规模修缮改造类业务的监管、防范重大风险是内控管理的必然需求，是单位内部重点关注的主要领域。

由于小规模修缮改造类业务种类多、覆盖范围广、专业性较强，事业单位在该专业方向配备的管理人员不足，针对小规模修缮改造类业务的功能定位、运行规律、成本控制等识别能力不够，有效监管措施和过程监督规范不够完善，导致针对该项业务的管理成效不显著，风险隐患凸显。在此背景下，近些年各单位在增强管理队伍的基础上，也逐步建立完善单位内部监督工作机制，配备了独立的监督机构和审计监督人员，并探索完善单位内部针对重点领域的日常监督、专项监督、审计监督工作方式，促进单位内部实现监管的常态化、规范化、专业化。

正因为如此，单位从事专项监督和审计监督的内部审计人员，就需要在管理需求导向下，围绕识别风险业务、降低风险隐患、提升单位综合治理的目标要求，对小规模修缮改造类业务这一创新性的经济业务活动，全面了解其运行机制、管理模式、成本测算规律及监督控制规范等，对项目执行关键节点的主要风险予以有效识别，针对项目运行和跟踪过程中的薄弱环节提出防控措施建议；针对项目的投资测算数据，予以监督核查，督促其科学测算，减少投资决策失误；通过内部审计监督，增加单位内部控制的成效，降低风险，促进项目施工目标的实现，提升项目规范化管理水平。

本书编写组依据在事业单位多年的小规模维修改造类业务的跟踪审计实践经验，归纳总结出事业单位小规模维修改造类业务的范围、类别、特点、运行规律，并统一定义为小型基建类项目；重点展示在小型基建类项目管理中可能存在的风险，归纳总结针对小型基建类项目开展审计与监督的策略、方法、内容、要点，并给出在项目策划、合同签订、款项支付、现场督导、验收等专项业务环节的关注内容及审计实务，形成较为完善的监督流程和操作规范，为单位内部基建业务管理人员、实施人员、监督人员、审计人员在从事相关工作时提供参考。

2. 编写原则

在此过程中，我们借鉴了相关专业机构的内部审计实践，遵循中国内部审计协会颁布的审计准则等有关规范，围绕不受国家基建项目管理程序约束的小型基建类项目这一业务特点，以为事业单位内部审计人员提供实践性、指导性、专业性、规范性的实务操作为目的，突出以下三个原则。

一是注重适用性。本书以科研院所为例，立足于事业单位内部控制管理体系架构，区别于国家审计和社会审计职能，突出内部审计监督工作内容和督促作用的发挥。

二是注重指导性。本书在编写过程中，将风险管理、内部控制、财务审计与管理审计有效融合，将效益审查和评价贯穿其中，引导事业单位内部审计人员有针对性地开展相关工作，促进审计监督工作向流程化、规范化、信息化的方向迈进。

三是注重实操性。本书在重点阐述项目运行规律和监督规范的情形下，还通过审计主要关注点、审计案例分析、审计结果应用等多种形式，从操作实务层面上进行解析，为内部审计人员的工作提供较强的实用性参考和启迪，增强内容的可读性、可操作性、可借鉴性。

3. 编写主要内容

本书以科研院所为例，围绕事业单位小型基建类项目这一经济业务活动，从项目的产生、运行规律、关键环节等入手，逐步阐明相关的执行风险、审计要点、审计方法等。第 1 章针对小型基建类项目业务活动的范围、特点、运行规律等进行综述，给予内部审计人员直观的印象，为后续风险识别和审计监督奠定基础。第 2 章对小型基建类项目管控关键环节中的主要风险予以识别，明确防控措施与要求。第 3 章从内部审计监督的视角，明确小型基建类项目内部审计工作开展的基础，论述审计业务实施策略、切入点和方法等。第 4 章以小型基建类项目为审计对象，重点阐述针对内控管理、资产财务、绩效审计监督的相关实务操作内容。第 5 章以小型基建类项目管控关键环节为切入点，细致梳理与之相关的防控要点和审计监督内容，为内部审计人员实施有效的监督拓展思路。第 6 章以案例分析为基础，在实务层面上与读者分享审计监督经验，探索风险管理与防范规范。第 7 章对审计成果进行总结、统计，并进一步交流在事业单位内部如何发挥审计成果应用的实效。以上内容是编写组全体人员日常工作的积累和集体智慧的结晶，并得到中国科学院监督与审计局领导的大力支持，在此表示诚挚的谢意。

4. 预期目标

本书内容深入浅出，详尽具体，具有较强的可读性、实用性和指导性，对提升事业单位内部审计人员的认识，提高专业审计能力，推动内部审计工作规范化都有重要作用。同时，本书也供工程项目人员参考使用，还可供管理人员、审计专业人员及其他领域人员选择使用。由于编者水平有限，书中如有不当之处，诚请读者批评指正。

刘秀芳

2022 年 10 月 30 日

目　　录

第 1 章　事业单位小型基建类项目概述 …………………………… 1
　1.1　小型基建类项目定义 ……………………………………………… 2
　1.2　小型基建类项目的分类 …………………………………………… 2
　1.3　小型基建类项目的生命周期及监管需求 ………………………… 4
　1.4　小型基建类项目的特殊形式——零星基建项目 ………………… 9

第 2 章　小型基建类项目管控过程中的风险识别 ………………… 13
　2.1　小型基建类项目管理控制基础 …………………………………… 14
　2.2　小型基建类项目常见管理风险 …………………………………… 17
　2.3　在单位层面上以项目为监管核心实施的风险识别
　　　 与预防要点 ………………………………………………………… 19
　2.4　在业务层面以关键环节为核心的风险识别与预防要点 ………… 22

第3章　小型基建类项目内部审计监督工作基础 50
3.1　事业单位内部审计基础 51
3.2　针对小型基建类项目的内部审计监督策略和方法 60
3.3　内部审计监督与项目管理之间的促进与反馈作用 71

第4章　以小型基建类项目为监管对象的综合业务内部审计实务指引 75
4.1　小型基建类项目的内控管理审计实务 76
4.2　小型基建类项目资产与财务管理审计实务 83
4.3　小型基建类项目绩效审计实务 89

第5章　以关键节点为对象的单项业务内部审计实务指引 96
5.1　立项决策审计实务 97
5.2　施工方遴选审计实务 99
5.3　合同文本规范性审计实务 102
5.4　项目款项支付审计实务 104
5.5　施工内容变更审计实务 107
5.6　货品、物料采购与管理审计实务 110
5.7　现场监管审计实务 112
5.8　验收管理审计实务 115
5.9　结算复核审计实务 117
5.10　资料记录与归档审计实务 120
5.11　工程量清单复核审计实务 123
5.12　零星基建项目造价控制审计实务 127
5.13　零星基建项目管理审计实务 129

第6章　小型基建类项目内部审计案例及分析 132
6.1　小型基建类项目内部审计实施流程案例 133
6.2　针对施工方遴选过程开展的内部审计案例 139
6.3　针对施工合同关键性要素开展的内部审计案例 142
6.4　工程量清单内部审计案例 144
6.5　洽商变更内部审计案例 146

6.6　项目款项使用支付内部审计案例 …………………………… 148
　　6.7　项目验收内部审计案例 ………………………………………… 150
　　6.8　项目绩效内部审计案例 ………………………………………… 152

第 7 章　小型基建类项目内部审计成果及应用 ………………………… 156
　　7.1　内部审计成果的表现形式 ……………………………………… 157
　　7.2　内部审计问题的发现及防治 …………………………………… 159
　　7.3　内部审计管理建议的提示与执行 ……………………………… 168
　　7.4　内部审计成果宣传与风险文化营造 …………………………… 173

参考文献 ………………………………………………………………………… 176

后记 ……………………………………………………………………………… 177

第1章　事业单位小型基建类项目概述

近些年来，随着国家创新驱动发展战略的实施，事业单位（尤其是科研院所）也逐步加大了在基础设施方面的投入。其中，由事业单位内部自行投资的、以改善科研支撑条件为目标的小规模修缮项目、局部设施改建项目及零星基建项目等，逐步成为事业单位主要经济业务中的一环，引起上级机关、单位管理者和单位员工的重视和关注。

本章将事业单位小规模施工类的基建项目，统称为小型基建类项目，并依据其范围、特点、业务表象等，给出较为规范清晰的定义，并列举不同类型的项目以加深认识。此外，以小型基建类项目生命周期为核心，阐述项目管理与审计监督的关系，为后续从业务特点、经济规律、管理逻辑三个维度提出针对小型基建类项目的风险防范和审计监督路径，形成系统的、可执行的审计实务规范奠定基础。

1.1 小型基建类项目定义

本书提到的小型基建类项目，是指事业单位在本部门范围内自行实施、自主投资、自定程序、自行验收的具备基本建设工程特征的小规模施工类业务的总称，如房屋外墙局部修缮、地下管线局部抢修、科研设备的基础安装、室内装修改造、室外绿化补植等。这类业务在事业单位管理体系下，以项目的表现形式存在，受单位内部项目管理、预算管理约束，在实施过程中体现出一定的组织制约、经济制约、程序制约、绩效制约特征，是本书深入分析研究的基础。

小型基建类项目与通常意义上的基本建设工程相比，具备以下主要特征：①项目实施全过程由本单位法人承担经济主体责任；②项目的完成是在本单位内控体系范围内自行设定实施程序，可参照但不受限于国家基建工程法定程序约束；③单位自行组织确定项目验收标准，不涉及消防、强电、防雷等专业机构许可认证；④项目的投资规模较小（尚未达到事业单位"三重一大"决策或投资标准），施工周期较短（一般不超过一个自然年度）。

1.2 小型基建类项目的分类

事业单位小型基建类项目的特殊之处体现如下：一是出于单位自身发展需要、由事业单位自主实施；二是项目不受基建工程管理框架约束、不需要国家及地方相关职能部门立项批复或验收；三是资金来源以事业单位自主投资为主；四是业务具有规模不定、可预测性差、专业复杂、实施范围广泛、管控困难等多样性特点。与通常意义上的基本建设工程相比，其具有专业领域方面的共通性，如有些项目涉及水、电、气、地下管线改造等，有些项目涉及装饰装修、防水、涂层防护、绿化等，但同时还具有一些特殊的实施目标，如有些项目须配合专业的轨道操作、环境模拟、空间净化等功能来精准实施，因此，事业单位小型基建类项目主要表现形式包括以下几类。

1.2.1　科研条件基础改造类项目

科研条件基础改造类项目，是指事业单位为实现科研目标、创造某种科研环境、满足科研生产或实验测试条件而对原有的房间、设备、水电暖气等基础设施进行重新布局、更新改造的小规模施工作业工程，具体如成果展示厅改造、净化间改造、微波暗室改造、实验环境改造、危化品处理空间改造等。

这类项目的突出特点就是出于特定的用途或特殊的需求而对原有的房屋、设备、基础设施进行施工改造。

1.2.2　维修维护类项目

以修缮为目的产生的小规模作业工程，主要是针对建筑物内外、构筑物进行修补、加固、养护、改善，使之恢复原来的使用功能或者延长使用期限，具体如外墙局部维修、楼宇地面修缮、门窗维护、墙面抹灰、油漆粉刷、屋面防水维护、防渗漏抢修等。

以维护维修为主的小规模作业工程，主要涉及水、电、暖、气等设备的故障排除及零部件的维修更换，以及公共生活设备需要局部更换、改装、新装产生的作业工程。具体包括弱电布线修护，上下水设备的损害修补、堵塞疏通，下水管道、窨井的修补疏通，阴沟、散水、落水管的修补，等等。

这一类项目是事业单位常规业务中的常见类别，也是单位经济业务中最大的一个分类。

1.2.3　小型扩建改建类项目

事业单位中实施的小型扩建项目，是指在原有建筑物基础上进行设施加高、加层、扩容等小规模施工作业，如防雨设施搭建、配电间扩容改建等。小型改建项目是在不增加建筑物面积、建筑设施体量的基础上，因某种需求改善建设物使用功能、改变使用目的，对原有工程设施进行改造的作业过程。通常情况下，装修工程也属于改建项目。

1.2.4 绿化及补植类项目

事业单位由于园区新建、扩充等原因也会产生一些独立的绿化养护、绿植补种项目。具体包括绿地的种植养护、坑洼填埋，苗木的补种更新，乔灌木的修剪成型，宿根花坛的造型除杂，等等。

1.2.5 零星基建项目

在事业单位中还存在大量零星基建项目。零星基建项目是小型基建类项目的一类特殊形式，是指因主客观工作需要、无法确定是否发生、无法列入计划、工程量小的临时施工作业、维修改造等零散业务。零星基建项目有着工期短、形式杂、造价低、施工点多、灵活度大、无施工图纸等特点，其存在有着特殊性。零星基建项目不适用于相对复杂的项目管理方面的各项约束条件，更侧重资金支付结果方面的风险防控与监管，审计监督时应给予适当的调整和关注。

1.2.6 其他类项目

由于事业单位业务庞杂，需求不一，我们所列举的小型基建类项目不能涵盖所有情形，因此把未能总结归纳在以上几个分类中的项目，但单位管理层主观认为应纳入小型基建类项目的，统一归属于其他类项目。

1.3 小型基建类项目的生命周期及监管需求

1.3.1 生命周期与管理程序之间的关联性

小型基建类项目依托于事业单位的目标需求和管理要求，具体参照任务实施目标、投资规模、预算要求、管理成本等诸多因素，按事业单位内部控制相关程序执行。小型基建类项目受单位内部项目管理和预算管理体系约束，在运行实施和监管方面不仅体现有经济制约因素，还体现有组织制约、程序制约、业务制约、绩效制约因素。针对小型基建类项目的监督管理，其重要性程度取决于两个因素：一是经济因素，如项目投资额或预算额达到单位内部的风险管控级别，则按高标准严管理的"繁"程序实施监管；二是业务因素，小型基建类项目运行实施过程（图 1-1）必然经历需求采集、立项、进场、施工、完工等环节，我们称为项目的生命周期。

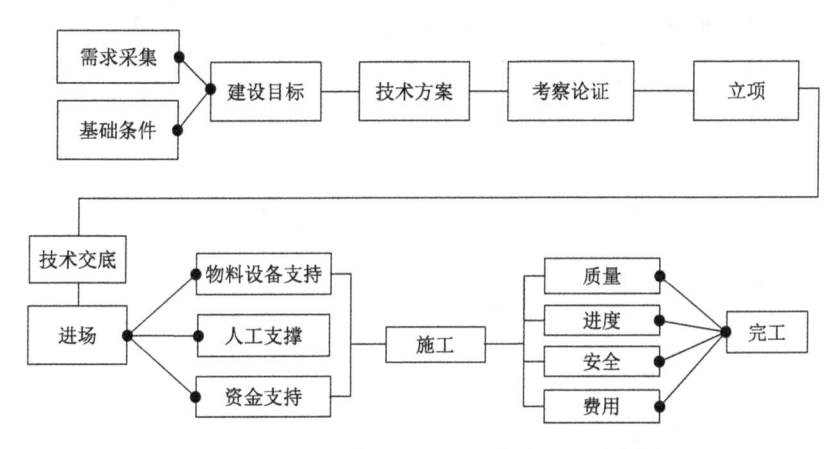

图 1-1　小型基建类项目运行实施过程示意图

项目的生命周期是一个循序渐进的过程，客观上必须遵循先后次序，不可交叉。生命周期是小型基建类项目实施过程客观规律的反映，是保证项目科学决策、规范管理、顺利推进的重要保证。从单位管理需求角度看，小型基建类项目的建设目标就是在合理的成本支出范围内满足现实目标要求。为达到以上目标，单位会结合项目生命周期特点，进行资源规划、组织协调、立项实施、过程监管、竣工验收、总结评价等管理活动，我们称为管理程序。项目生命周期划分与管理程序的有序结合，有利于理顺多层次多交叉的业务关系，有利于各环节工作的相互衔接，有利于推进管理程序的规范化。项目过程管理对保证项目科学决策、缩短工期、提高质量、降低造价、提高投资收益等目标具有重要的作用。

通常情况下，事业单位管理层会结合小型基建类项目整个生命周期特点，按照单位内部管理规范，有针对性地制定一系列相互联系、相互制约、相互协调的方法、措施和程序，提升管理质量，增强管理效果。管理控制主要围绕成本控制展开：成本控制就是对小型基建类项目建设管理过程中发生的各种耗费、影响成本的因素和条件进行计算、调节和监督的过程，以保证成本管理目标的实现，同时也是一个发现薄弱环节、挖掘内部潜力，寻找一切可能降低成本途径的过程。

单位内部审计监督部门在此过程中发挥的主要作用就是通过执行流程的测试、评价和评估，监督实施过程与任务目标、管控目标是否一致，评价和评估管理质量与目标效益之间的差距，寻找原因、分析风险，提出改进建议，确保业务活动中资产的安全性、完整性和有效性。

小型基建类项目生命周期与管理、监督间的关系见图1-2。

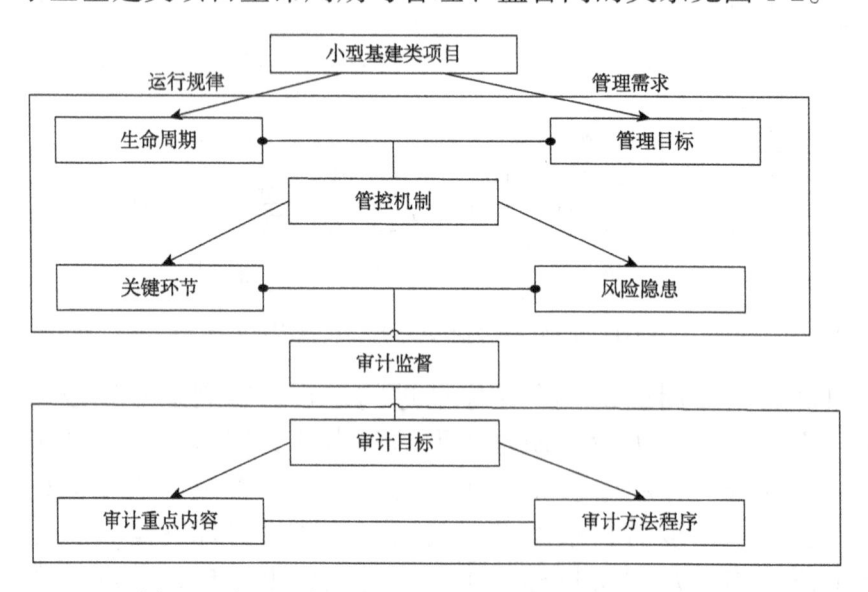

图 1-2 小型基建类项目生命周期与管理、监督间的关系

1.3.2 小型基建类项目的生命周期划分

从理论上来讲，小型基建类项目也应遵循立项、前期策划、开工、建设、竣工、投入使用这几个项目周期。由于小型基建类项目建设规模小、建设成本不高、技术要求和管理要求与基本建设工程有明显的区别，本着合理性、适用性、针对性的原则，我们将小型基建类

项目的生命周期划分为三个阶段：立项阶段、实施阶段、验收阶段。

立项阶段是管理者对小型基建类项目实施管控与监督的起点，是必须经历和履行的阶段，是管控的核心要素点。如果一个小型基建类项目没有履行立项的手续，那么它本身就处于管理和监督的视线之外，属于失控状态，后期的管理和监督则无从谈起。因此，无论小型基建类项目规模大小，立项是必须经历的过程和实施的程序。立项后，为确保能够顺利施工，需要在资金投入、组织管理、许可手续、设计策划、现场环境清理等方面进行筹备和策划，为顺利施工创造开工条件。这些准备工作的繁简程度、覆盖范围会依据小型基建类项目的规模大小、实施难度和管理要求不同而有所差异。一些技术明确、管理要求不高的微小施工项目只需要资金到位即可开工，所以准备阶段的实施程序非常明确。对于相对复杂、施工难度大的小型基建类项目，在准备阶段就要从资金、组织管理、技术条件等多方面进行筹备，实施的程序和准备工作要求较高。

实施阶段是小型基建类项目生命周期中一个标志性的、核心的必经阶段，是小型基建类项目的关键实施和管控环节。实施阶段是承担工程任务的单位利用水、电、材料等资源或能源，通过一定的施工技术和施工工艺，最终形成预期的建设标的、达到预期目标的经济业务活动及过程。正因为其核心性和关键性，这一阶段的实施程序和各项工作也最为复杂。

验收阶段是小型基建类项目生命周期的终点，是建设目标形成的最终阶段。

以上生命周期的划分，既利于对项目进展和环节进行识别，又能满足建设项目分时、分段、分类管理需求，同时为监督控制提供了闭环测试的渠道，促进和保障了小型基建类项目管理与监督的有效开展。

1.3.3　小型基建类项目的监管要点

事业单位小型基建类项目的实施主体是由决策方、管理方、施工方、结算审核方、监督方共同组织推进的一个多关联方集合体。同时，项目任务又是一个涉及建筑结构、装饰装修、给排水、电气、暖通工程、消防、弱电、基础设施管线等多专业领域的实施对象；而执行过程包含组织管理、内部控制、技术论证、跟踪记录、结算支付等多方面综合经济管理活动。因此，小型基建类项目的监管重点应始终围绕实施主体、经济指标、管理目标三个方面展开，即始终围绕人、业务、管理三个最易产生执行风险的维度开展。

1. 关注各实施主体的定位和作用发挥情况

小型基建类项目相关业务实施主体包括决策主体（单位管理层）、管理主体（项目主管机构）、监督主体（财务部门或审计部门）等。其中决策主体的作用举足轻重，决策方对项目的重视程度和管理导向会影响项目执行的质量，决策的科学性、目标的合理性是小型基建类项目风险防控最重要的措施之一。管理主体是推进小型基建类项目实施的主要执行方，监督主体是小型基建类项目实施过程中进行风险识别和有效督导的执行者，二者的定位、分工和职责是否明确，决定了小型基建类项目实施过程中的管控基础和目标导向。此外，小型基建类项目不可避免地还涉及其他业务主体，如招标代理方、施工方、监理方、结算审核方等，这些不同主体间联系紧密、互相牵绊，因此，建立完善的组织管理关系，设定明确的岗位职责分工有利于内控体系的落实与执行，是提升管理水平的基础性工作。

2. 关注管控体系和程序的健全性及规范性

小型基建类项目的实施过程是一个复杂体，离不开规范和制度的保障与指引。通常情况下，科研院所单位内部有较为完善的内控管理体系，有利于将各业务主体在项目目标实施之间的活动关系具体化、流程化和清晰化。在此期间产生的主要风险体现如下：管控规范覆盖范围不全面，管控体系执行不到位，项目的审批、采购、结算、变更、记录等与项目管理和现场实施业务间存在较大差距，不能覆盖主要风险等问题。

3. 关注专项目标任务设立的科学性和执行的有效性

针对小型基建类项目的实施效率，首先关注项目本身目标任务设定的科学性，是否符合预定需求，是否具有切实可行性；其次关注项目投资经济指标的合理性，在有效成本范围内是否达到目标效益的最大化；最后关注项目任务与经济指标的执行措施是否有效。

小型基建类项目资金测算是技术方案和经济效益的综合反映，是项目综合成本的直接体现，也是管理方、施工方、使用方等关注的焦点和核心，更是风险最为集中体现的一个方面。资金测算关注的重点包括：依据是否完整充分，是否选取最优配置和最合理方案，资金渠道来源是否符合国家法规要求，投资规模是否完全覆盖项目的规划与设计，资金支付进度是否可以支撑项目的建设进度等。

4. 关注小型基建类项目的过程记录情况

小型基建类项目过程记录是项目管理目标实现、审计监督、风险分析和识别最重要的依据材料，其记录资料的完整性、准确性、系统性能够全面真实地反映项目需求论证、前期策划、立项、实施、验收等全过程。因此，小型基建类项目的过程记录情况是风险分析和识别最重要的基础性工作，需要重点关注。

1.4 小型基建类项目的特殊形式——零星基建项目

1.4.1 零星基建项目的管理程序

零星基建项目最大的特点是小、散，正因为其小而散，通常情况下，其无法成为一个完整的"项目"，只能把它看作小型基建类项目中具体的"业务单元"。与小型基建类项目相比，其管理程序的特殊性表现如下。

（1）零星基建项目因其实施规模、施工方式等零散原因，无法按小型基建类项目进行系统的过程监管，无法进行先期策划和准确目标预测。例如，有些事业单位将零星的室内墙壁粉刷、窗户维修、下水道疏通等零星业务委托物业单位实施，按年度统一结算。

（2）零星基建项目通常情况下没有施工图纸和具体的实施要求，施工随意度较大；通常情况下，零星业务以口头约定为起始，以结果为导向，没有具体实施过程约定。

（3）零星基建项目缺乏管理规范，现场签证不及时，过程中记录不齐全，协调不到位，通常以结算单作为支付依据，存在高估冒算的隐患。

可见，零星基建项目类型繁多，造价低，分布零星，线长面广；施工漏洞多，管理难度大，造价难以控制。因此，针对零星基建项目，更需要建立管控目标精准、执行措施合理、定价结算科学等管控理念。

1.4.2 零星基建项目的监管要点

为了对零星基建项目进行监管，有效控制业务成本，降低实施风险，零星基建项目的管控应当遵循以下几项原则。

1. 报备原则

零星基建项目突发性强，工程量小，不容易实现筹划，但一旦发生，应及时履行报备审核流程，经主管部门审核确认后组织实施。

2. 报价原则

零星基建项目尽管施工规模小，施工程序简单，实施前应先报价，确定价格后再施工；如果是抢修项目，施工内容不明，事先无法报价，则以施工清单和明细项作为价格依据，直接结算；如果是单一的业务，也可以合同或协议价为依据，直接实施，简化中间过程。

3. 记录原则

零星基建项目通常缺乏标准的施工图纸和施工方案，因此，更需要在施工过程中保存和提供关键施工过程记录和重要证据，如施工用料名称、数量、规格型号、施工工序、施工日志等清单类文件。这些记录可以作为零星业务造价控制的有效依据。零星基建项目往往具有突发性，很难实现所有事项都能有记录，因此，记录原则以实用、适用为前提，以实际情况而定。有条件的单位应当有专人负责收集整理相关记录，以备核查。

4. 验收原则

零星基建项目尽管规模小，也应当履行施工方、管理部门、使用（建设）部门三方验收的程序，便于核查。

1.4.3　零星基建项目的监管措施

对零星基建项目的监管措施围绕项目立项及结算两个关键环节展开，具体概括为"两表一单"：立项报备表、验收确认表、合同单或结算单。

立项报备表是零星基建项目纳入事业单位管理和监督视线范围内的有效措施，是管理部门实施有效管控的基础。立项报备表是具体实施部门提出申请，说明情况，管理部门根据业务实际，给出具体管理要求并审核确认的重要凭据。立项报备表是管理部门介入的重要环节，其具体内容也体现了管理的程序和流程，事业单位可以根据本单位管理现状，设计具体的格式，细化操作执行模式。

验收确认表是零星基建项目施工完成的标志，是体现零星基建项目具体施工内容是否达到目标要求的重要记录，验收确认表需要管理部门、使用部门、施工单位共同确认，这也是零星基建业务结算的必须凭据之一。

零星基建项目的费用结算是质量和成本控制最重要的环节，通常采用两种方式：一种是通过委托长期合作单位如物业公司、后勤保障中心等机构完成的日常零星维修、抢修、补救项目，在费用不高的情况下，可以通过一定时间内结算清单来支付费用。某些项目达到一定额度的支出，可以额外签署合同进行费用结算。以合同这种重要的法律文本形式进行零星项目的费用结算，不仅可以实现对施工单位的约束，也可以有效降低高估冒算、成本失控的风险。另一种是对重要的抢修项目或其他突发的零星施工项目，在报备申请获批的基础上，采用先施工、完工后根据施工内容出具结算单。结算单是体现零星基建项目施工具体内容和造价依据的重要凭据，其准确性和完整性是合理测算零星基建项目成本的基础,因此,结算单应很好地体现施工工艺流程,施工物料产地、价格、数量等,真实地反映施工内容,准确申报工程量,为零星基建项目结算提供有效的依据。

综上所述,零星基建项目是小型基建类项目的一个特殊形式,对其管控的理念应当比小型基建类项目更为具体精准,并行之有效。一个基本思路就是,关注零星基建项目的管理是否在单位管控视线范围内,是否以成本控制为核心实施高效的执行措施,尽可能避免程序的烦琐性和复杂性,以利于工作的开展。

第 2 章　小型基建类项目管控过程中的风险识别

小型基建类项目的多样性特点及专业管理规范的欠缺，导致该类业务成为事业单位面临的重点风险领域之一。近些年来，针对该风险领域，事业单位也逐步扩充监督队伍，开展以风险识别和风险防控为主的内部审计监督工作，在提升监督队伍风险识别能力、发挥内部审计"免疫系统"作用方面取得了一定的成效。因此，本章结合小型基建类项目的生命周期，从项目各参与方的业务活动出发，梳理关键环节和管控内容，总结控制流程和实施方法，识别风险隐患，为开展专项监督和审计监督、强化风险预防实效、提高单位综合治理能力提供监管思路和参考。

2.1　小型基建类项目管理控制基础

2.1.1　小型基建类项目管理控制目标

每一个获得立项的小型基建类项目都有明确的建设目标。作为单位的管理层，如何科学、规范、经济、高效地达到预期目标，是在小型基建类项目组织实施时考虑的问题。因此，基于单位内部已建立的组织管理、项目管理、质量管理、资金管理、档案管理等一系列管控体制和工作机制，在保证项目质量、合理周期的基础上，对小型基建类项目的立项、资金投入、施工过程、费用支付等进行监管，以达到规避风险、降低成本的目的，最终实现小型基建类项目经济效益的最大化。

为达到以上管控目标，管理层采取一系列方法、措施和程序，相互联系、相互制约、相互协调，提升管理质量，增强管理效果。这些管控任务和措施应覆盖小型基建类项目的全生命周期，而在生命周期中各关键环节管控措施是否执行到位、是否发挥控制预防实效是我们关注的风险判断方向之一。

2.1.2　小型基建类项目管理控制的主要内容及监督原则

无论项目建设规模大小，小型基建类项目管理对保证每个项目成功决策、缩短工期、提高工程质量、降低工程造价、提高工程投资收益，都具有重要作用。小型基建类项目的管理控制，往往是结合小型基建类项目的生命周期，通过对项目目标的分解、阶段性目标的提出与检验、各种定额的确定和执行及反馈决策等来实现的。内部审计监督往往围绕管控执行的过程和实施效果来识别或评估风险。

1. 立项阶段管控内容及监督原则

在小型基建类项目生命周期的起点——立项阶段，最重要的工作是通过目标任务分解实现对小型基建类项目的科学管控，包括针对目标完成的主客观条件、成本控制、管理深度等方面的决策，还包括针对合同、资源分配、进度计划、质量跟踪、验收评估等阶段性目标完成应采取的有效管理规范与程序措施，以及成本测算、管理投入等定额的估算和反馈等。这一阶段管理实施的主体是单位的决策层和管理层，主要以立项管理、计划管理、合同管理、内控管理、经费管理来体现。同时，由于事业单位（尤其是科研院所）规模不同、管理机制各异，结合小型基建类项目投资规模大小和单位管理需求，立项管理、计划管理、合同管理、内控管理的内容和重点可以依据实际情况进行选取和简化。

审计监督的重点是以立项管理、计划管理、合同管理、内控管理、经费管理等管控内容为基础，通过管控目标—执行流程—关键环节—风险分析的动态研究方法，发现薄弱环节和风险隐患，提高小型基建类项目管控体系的健全性、完备性、有效性、合理性。

2. 实施阶段管控内容及监督原则

在小型基建类项目生命周期的关键点——实施阶段，管理控制的核心始终围绕任务质量、造价成本、时间进度三项内容展开。其中，质量控制为基础、造价控制为核心、进度控制为保证。造价成本是事业单位（尤其是科研院所）风险管控的重点领域，因此，实施阶段的管理控制以任务质量和时间进度为基础、主要围绕造价成本控制展开。造价成本控制就是对小型基建类项目实施过程中发生的各种耗费、影响成本的因素和条件进行预估、计算、比较等，并在项目推进执行中不断予以纠正，从而实现成本节约管控高效的目的。这一阶段的管理实施主体为项目执行层或具体实施人，其主要表现形式就是依据控制规范，对施工方遴选、资金支付、过程记录、变更签证等具体业务实施精准把控和有效执行。

审计监督的重点是基于项目的实施目标，围绕经济指标和专业指标两个维度，从程序合规性、依据充分性、测算合理性、执行规范性、记录完整性等方面，对每一个环节可能存在的风险进行识别和评估，发现错误行为，纠正舞弊行为。

3. 验收阶段管控内容及监督原则

在小型基建类项目生命周期的终点——验收阶段，任务目标达到合同约定的状态，这一阶段管控的内容主要围绕三个方面展开：一是项目目标完成质量情况，二是资金的结算和支付，三是项目档案记录和归集情况。

验收阶段是检查和评价施工结果是否达到预期目标的最后环节，这一环节将完成所有过程、业务、成果、资料的集成、汇集和展示，因此，要格外关注验收内容的完整性、验收结果的准确性、验收程序的规范性。在任务目标完成质量确认方面，要对施工分部作业工程是否符合标准和设计要求进行逐项复核，对观感质量、安全等功能进行核查。在资金结算和支付方面，依据任务目标完成度，结合项目预算仔细核实项目内容和工程量清单，清点材料设备，其中涉及料、量、价等数量时，要多方确认，核实准确，留存证据材料，对整个项目作业费用进行清算。在档案记录及归集情况核查方面，重点关注在项目实施过程中对重要事项、重要数据的记录情况，资料的收集、整理情况，并按专业归类。验收时，应当对照基建项目档案管理要求，归集整理项目档案，确保各类档案的真实性、完整性和系统性。

验收阶段审计监督的重点始终围绕资金结算展开。要从结算依据的充分性、结算数据的准确性、结算资金测算的合理性、支付结算程序的合规性、支付凭证的完整性等方面进行评估和风险识别，确保项目资金使用的安全性、有效性、合规性。

2.1.3 小型基建类项目管理控制面临的难点

由于事业单位（尤其是科研院所）各类任务繁重，部分管理层对小型基建类项目不够重视，缺少监管的投入和动力。同时，小型基建类项目的监管也面临着一定的客观性制约条件，主要表现如下。

（1）管理层对小型基建类项目的重视程度不够，风险意识不强。

单位管理层对小型基建类项目不够重视，风险意识不强。管理层主体责任落实不到位，相关业务的审批和决策流于形式，对项目前期策划论证深度不够，对项目的可行性、成本投入的预估缺少专业判断，重心放在满足需要上而缺少整体推进计划的完整性，给资金安全、质量保证埋下隐患。

（2）小型基建类项目欠缺专业化的管理人员，人员配备不到位。

小型基建业务不是事业单位（尤其是科研院所）的主体经济业务，绝大多数单位未配备专业管理部门或专业管理人员，通常会纳入资产管理部门、后勤服务部门、财务管理部门等相关职能范围内，由综合业务主管兼管，有些甚至直接由某个业务单元的员工具体负责实施管理。这些业务人员并不熟悉基建专业，不熟悉小型基建类项目的目标内容和管理流程，加之个人主业繁忙，兼管精力有限，不能有效识别和防范项目实施过程中发生的各类风险。

（3）小型基建类项目管理规范和工作程序有待健全和完善。

事业单位（尤其是科研院所）围绕小型基建类项目的管理制度内容粗放，欠缺规范的执行程序，管理责任落实不到位，无法满足现存的小规模、多样化基建工程作业管理需要，保障资产安全、预防资金使用风险的效果不突出。大部分单位管理规范与廉洁从业风险防控要求存在相当大的差距，急需补充和完善。

（4）项目实施过程中对关键环节风险预估不足，不能实现全面控制。

在小型基建类项目合同审签、变更签证、进度款支付等关键环节，并不是每个单位都有相应的制度规范，有些单位对成本投入不进行造价咨询，有的单位没有工程结算审核手续，有些项目完工后不留存质保金，工程质量得不到长期保证。此外，资金支付不规范、验收拖期、档案资料收集不统一等现象普遍存在。可见对关键环节的管控措施不到位，很可能在小型基建类项目领域遗留了"监控盲区滋生腐败"的隐患。

2.2 小型基建类项目常见管理风险

小型基建类项目的常见管理风险是基于主体责任落实不到位、任务设定不科学、成本测算不专业导致的工期延误、资金超支、质量失控等风险。

2.2.1 决策疏忽风险

决策层不重视，对项目的立项目标、资金投入等研判不够深入，审批不够仔细，导致在资金、质量、安全、工期等方面可能出现重大风险。

2.2.2 目标设定失据风险

在小型基建类项目立项时，目标需求不够清晰，调研不够细致，立项依据不够充分；或者立项后由于主客观原因或者新的情况出现，根据原有条件设定的目标已不能满足实际需要，无法正常推进实施，导致目标无法实现，产生风险。

2.2.3 监管岗位失职风险

小型基建类项目绝大多数没有配备专职管理人员，通常由需求部门业务人员或其他业务主管兼任，这种情形下，针对小型基建类项目实施监管的岗位职责不够明确，监管内容不够细化，履职过程中完全依赖个人投入的精力、关注程度、工作经验，加之小型基建类项目专业性、复杂性、不确定性的特点，兼职人员的专业能力和工作精力难以重点聚焦其中，从而产生监管岗位失职的风险。

2.2.4 执行规范缺失风险

在项目实施过程中，对部分关键环节不能实现全面控制，尤其是在合同关键性要素约定、实施内容变更确认、资金支付等关键环节，并不是每个单位都有细致完善的规范和程序可以参照，执行过程中资金测算的科学性、依据的充分性、手续的规范性等难以保证，造成执行规范缺失的风险。

2.2.5 专业知识束缚风险

由于事业单位（尤其是科研院所）较少涉及基建业务，通常极少配备精通与基建业务相关的土建、给排水、暖通、电气等专业的管理人员，同时与小型基建类项目相关的招标代理、造价控制、结算审核等专业知识也不足，实施过程中只能借助第三方完成造价核算、过程监督、结算审计等，专业知识的束缚导致事业单位无法自主决策施工过程和资金投入，一定程度上增加了问题难定性、成本难测算等风险。

2.2.6 其他风险

小型基建类项目在实施过程中，由专业意见不一致、经济约定不清晰导致的与各关联方协调出现的执行偏差风险，或者由于各种原因出现的分歧、争端、纠纷等，统一归属于其他风险。

2.3 在单位层面上以项目为监管核心实施的风险识别与预防要点

2.3.1 以项目为核心的管控风险识别

针对小型基建类项目的监管，管理层更多地关注组织管理结构、内部控制机制、监督检查规范、资金控制办法等方面的问题，业务层面上则更倾向于具体的执行举措和实施程序。因此，以小型基建类项目为核心的风险，主要体现在内部控制风险、资金控制风险和跟踪监督风险三个方面。

1. 内部控制风险识别

内部控制风险主要体现在小型基建类项目相关的内控管理机制不够完善方面。一是岗位设置不够合理，小型基建类项目业务主管身兼数职，管理、监督集于一身，不能有效履行不相容岗位分离制度，易出现管理漏洞。二是监管程序不细致不规范，预算控制薄弱，费用支出的审核控制措施不够有效，资产管理不到位，不能有效进行财务控制与监督，容易发生资金使用风险。三是信息与沟通机制不健全，业务执行方、财务核算方、资产管理方等不能有效共享风险与舞弊信息，彼此之间缺乏有效沟通与反馈渠道，无法迅速有效地封堵漏洞。四是欠缺大数据分析和信息化工具的使用，对信息综合分析和评估的能力不足，无法获得全面的信息。

2. 资金控制风险识别

小型基建类项目从立项开始到施工结束，都是以资金为基础的。没有资金支持，项目的各个环节都无法推进。对资金使用管理的控制，直接影响小型基建类项目完成的速度和效益。在资金使用控制方面的风险主要有以下几个方面：一是对小型基建类项目资金使用权力的运用、监督和制约不充分，有些单位对项目负责人资金使用权力没有约束，存在高估冒进等情形；有些单位对项目资金使用过程缺乏监督，无法规避差错舞弊行为。二是针对小型基建业务的财务管理规范不完善，未形成资金预算、支付结算、审核监督等一系列配套的管理制度和操作规程，不能有效发挥支付、跟踪、问效的闭环机制，财务监督不到位。三是欠缺小型基建专业成本核算能力，需要专业人员结合单位实际情况，建立包括量、价、款等专业核算及资金流通使用等在内的核算体系，而专业人才存在短缺就无法保障资金使用和项目收益的最大化，会出现核算不专业的风险。

3. 跟踪监督风险识别

虽然事业单位通常都有履行内部监督的部门或机构，配备相关的监督人员，但实际上绝大多数单位内部监督范围并未覆盖小型基建类项目，其主要风险体现如下：一是监督队伍能力不足，往往缺乏小型基建业务相关专业背景，对小型基建业务的监督缩手缩脚，无法形成实质上的监督互动局面；二是决策层并未实质性授权监督部门介入小型基建业务，缺少针对岗位履职、制度执行、业务执行裁量权等方面的监督措施，对过错环节的评估机制不健全，未形成有效的监督工作机制；三是教育引导工作不到位，管理层对该业务领域的风险共识不强，对相关警示案例宣传不足，反面警示和正面引导作用不明显。

2.3.2 小型基建类项目风险防范要点

1. 建立目标责任体系

小型基建类项目作为自有资金投入和资产产出的重要业务形式，在实施过程中，应秉承"业务谁主管、责任谁承担"的原则。项目负责人不仅要承担项目实施目标完成的责任，同时还要承担内部管理责任、对外协调责任、经济效益责任、纠纷解决责任等，如果涉及责任分解，项目负责人还应落实分解后的具体负责人，明确分解责任。目标责任体系的建立是预防小型基建类项目实施风险的重要措施。

2. 完善和落实内控管理体系

为保护小型基建类项目建设活动中资金的安全性、完整性和有效性，保证财务数据和工程信息的真实性、正确性和合法性，在项目实施整个生命周期内，建立与资金使用、进度把控、资产采购和分配等相应的约束控制方法和措施，即内部控制体系，能有效保证项目目标的实现，通过追踪问效的方式，提高资金使用和管理的水平。内控体系的健全和有效运行是保证小型基建类项目资金、资产及资源的安全完整和合理有效利用，促进小型基建类项目经济管理活动有序运行的重要举措。

3. 建立审计监督机制

事业单位通常都有内部审计监督职能，配备有相应的内部审计人员。事业单位应当建立有效的内部审计监督机制，确保内部审计人员能够独立、自主、常规性地开展审计监督。内部审计监督主要围绕小型基建类项目实施全过程进行风险及控制的评价，复核并证实各类业务信息的可靠性、合规性，以及向单位管理层提供风险防范及改进管理的建议等。内部审计监督可以及时披露小型基建类项目管理及业务方面的信息，确保资产的完整性与资金的真实性，避免单位内部出现信息不对称导致的权利失衡风险；内部审计监督可以及时反映小型基建类项目管理控制的薄弱环节，确保内部控制的有效运行，避免在项目实施过程中出现投资风险和经营风险。内部审计监督通过对小型基建类项目资金、管理、质量、进度等全要素的检查，及时发现并纠正错误行为，规范管理活动，堵塞漏洞，消除隐患，提升项目的整体效益。

可见，内部审计监督机制的建立是一种风险评估和维护机制，不仅能保证内部控制与风险管理的持续有效性，还可以定期对内控体系进行测试和评价，实现内控体系的持续改进和循环优化。

2.4 在业务层面以关键环节为核心的风险识别与预防要点

2.4.1 立项决策环节的风险识别及预防要点

小型基建类项目立项论证工作是项目顺利完成的前提和基础。

项目立项时的主要风险体现在两个方面：一是立项时前期调研工作是否扎实，项目实施的基础条件是否具备，如项目实施应提供的水、电等基础条件有无瑕疵；作业区是否封闭安全适合项目施工，资金预算是否到位不存在支付风险等。二是项目立项程序是否科学规范，立项时提供给决策层的各项论证是否充分，依据是否完整；决策层是否经过深入讨论、集体决策做出立项决定；项目目标设定是否科学，符合实际需求等。

依据立项决策实施流程（图2-1），本书归纳的主要风险及预防要点如表2-1所示。

第 2 章 小型基建类项目管控过程中的风险识别　23

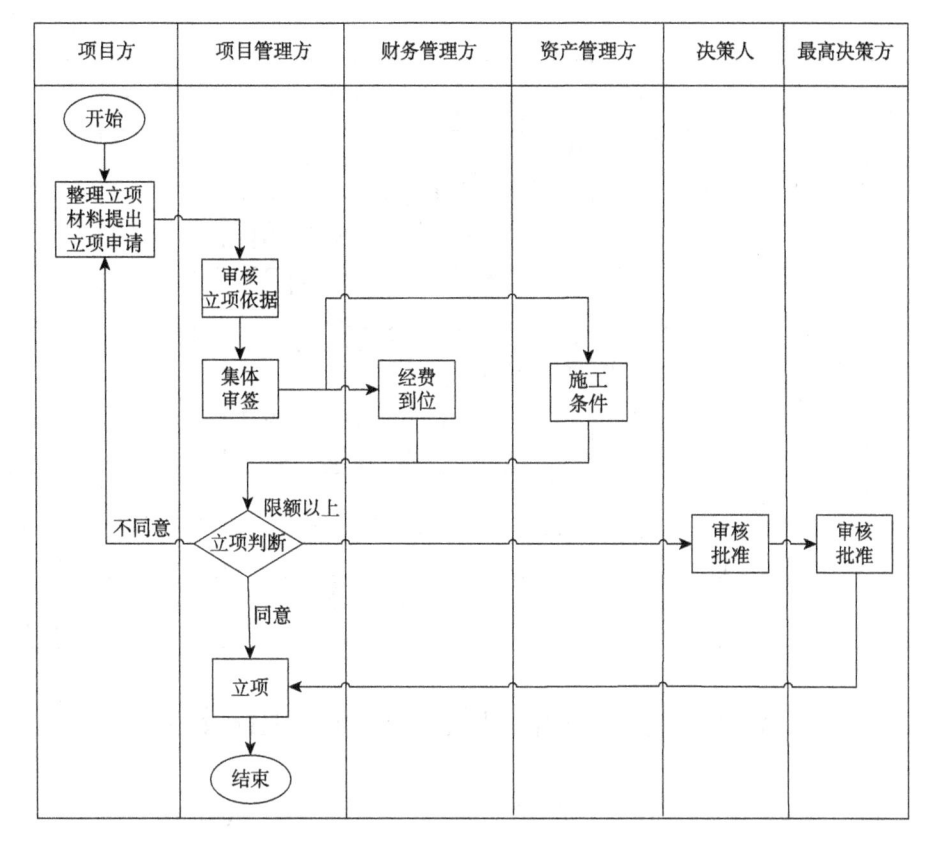

项目方	项目管理方	财务管理方	资产管理方	决策人	最高决策方

图 2-1　立项决策实施流程

表 2-1　立项决策环节主要风险及预防要点

流程编号	工作任务	主要风险	关键控制措施	预防要点	实施证据	实施人
立项决策	整理立项材料，提出立项申请	立项依据不充分	组织对立项依据的论证和评议	1. 汇总立项依据论证材料 2. 听取专家意见 3. 组织集体评议	论证材料、专家意见、评审纪要等	项目方
	基建管理部门对立项申请进行审批	未履行分级审批集体决策程序	按程序履行审批手续	严格按审批流程执行	审批程序记录	项目管理方
	经费预算和到位情况审核	经费来源和到位情况不清楚	经费预算核查	1. 检验预算批复文件和批复情况 2. 完成账务核查	经费核准记录或到位记录	财务管理方

续表

流程编号	工作任务	主要风险	关键控制措施	预防要点	实施证据	实施人
立项决策	施工条件具备情况审核	施工条件不具备	核查是否有影响施工的不可控因素和条件	提出有效解决施工现场条件、资金、技术条件相关问题的措施		资产管理方
	核查意见汇总	核查结果有分歧，意见不一致	加大审核深度，集体评议讨论	1. 要求项目组提供深度论证材料 2. 组织单位多部门讨论 3. 广泛听取专家意见 4. 履行集体评议	审核论证材料、集体评议意见	项目管理方
	审核批准		复核部门审查意见，批复立项建议	签署核准意见	批准文件	决策人或最高决策方
	正式立项			项目立项成立	批准文件	项目管理方

2.4.2 施工方遴选环节的风险识别及预防要点

施工方遴选是小型基建类项目实施与管理中最重要的一项工作，认真负责的施工方是小型基建类项目顺利完成的基础保证条件，因而遴选施工方工作的规范性、严谨性是预防相关风险发生的重要举措。

施工方的遴选控制风险体现在两个环节：一是遴选方式和遴选程序；二是施工技术方案的科学性和可行性。

由于事业单位小规模施工作业项目的多样性，不同单位资金成本风险控制额也不相同，因此，施工方遴选方式主要参考项目投资预算额、单位资金成本控制额两个指标，结合事业单位内部控制要求，按照自行确认施工方或者委托招标服务代理方遴选施工方两种方式进行。

在确定施工单位过程中，要对施工单位技术实施方案进行评审。评审时关注的主要风险点包括：一是要考察施工方的技术实施能力，即施工方是否具备相应的资质，如工程施工资质、安全等级资质、静电防护净化除尘等特殊资质，各种资质是否在有效期范围内。二是考察施工方的信用等级，可以通过天眼查、国家企业信用信息公示系统等查询企业相关信用情况。三是关注施工方提供的项目任务分解是否完整，如分项作业内容是否覆盖项目任务、报价是否合理、工程量清单是否清晰可靠等。四是关注施工方项目人员配备情况，是否配备有经验的项目经理来对接项目，是否做出相应施工承诺等。五是关注进场时间安排、进场条件、工期承诺、对甲方的要求等条款，这些条款如果涉及需要双方约定的，应在确定施工方后以合同条款约定的形式固化下来，避免出现后续分歧。

依据施工方遴选实施流程（图 2-2），本书归纳的主要风险及预防要点如表 2-2 所示。

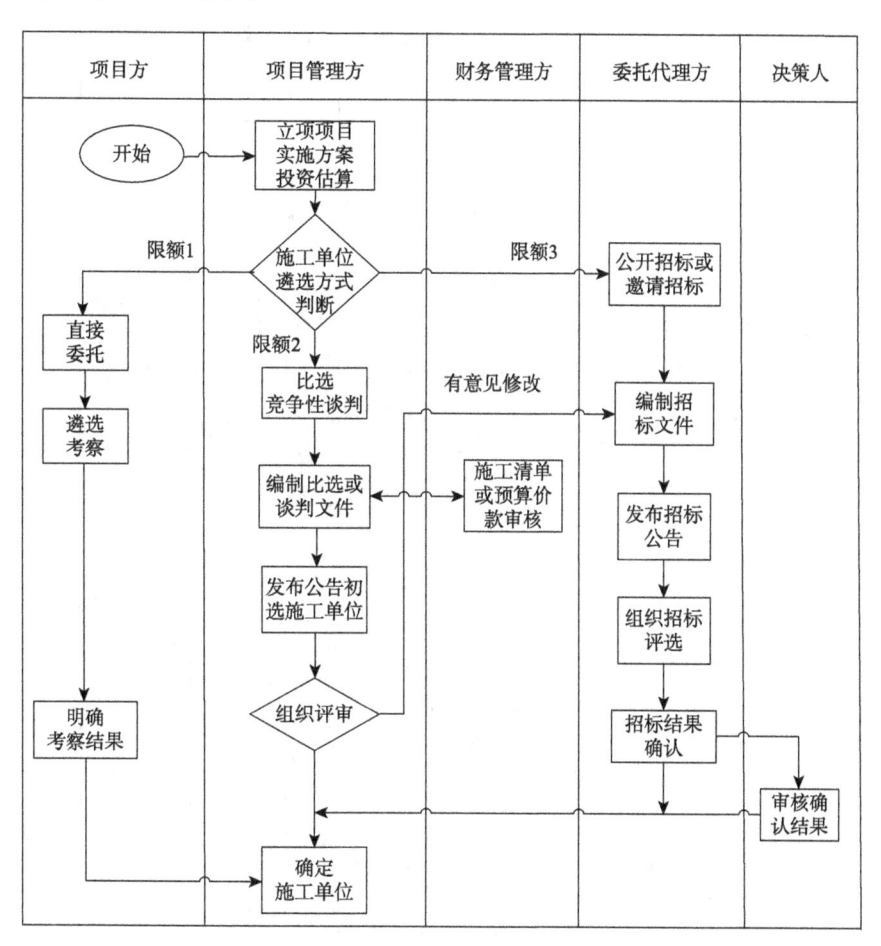

图 2-2 施工方遴选实施流程

表 2-2　施工方遴选环节的主要风险及预防要点

流程编号	工作任务	主要风险	关键控制措施	预防要点	实施证据	实施人
施工方遴选	确定施工单位遴选方式	未按国家相关法规和内控管理要求确定遴选方式	1. 符合国家和施工单位招标相关规定，严格按照公开招投、邀请招标等流程确定施工单位 2. 采取其他方式确定施工单位的，应根据内控管理要求确定适当的遴选方式，要兼顾效率和公平	1. 严格执行国家和施工单位与工程采购方式相关的法律法规或规章制度 2. 成立采购小组，组织集体评议	评审纪要	项目管理方
	根据遴选方式编制遴选实施方案	实施方案（含招标文件）不完整，关键要件存在漏洞	1. 招标公告的内容是否完整，主要条款是否公平合理，描述的内容是否与现实相符 2. 招标文件的内容是否完整，重大要件约定是否合理 3. 采用其他遴选方式的，程序与内容是否符合规范	1. 严格依据实施方案编制招标公告、投标文件 2. 招标公告、投标文件发布前征求组织论证或由第三方审核	项目实施方案；第三方修改意见	项目管理方
	遴选实施程序审核	实施程序合规性欠缺	按照招投标法规履行实施程序，按内控管理要求执行遴选流程	1. 选择合适的招标代理完成遴选 2. 自行组织遴选	招标（遴选）过程文件	委托代理方、项目管理方
	施工单位资格审核	资格评审标准不适当，过宽或过严；施工单位缺少相关资质	严格审查资格评审标准的合理性及评审工作的公正、公平性，是否存在排斥潜在投标人的情况	组织集体评议；建立优质供应商库	项目实施方案；评审纪要	委托代理方、项目管理方

续表

流程编号	工作任务	主要风险	关键控制措施	预防要点	实施证据	实施人
施工方遴选	组织评审	评审或评标流程不合规	1. 评审委员会人员组织是否合规 2. 开标、评审或评标过程是否公允、独立、保密等 3. 定标过程是否合规	组织专家评审	评审纪要	项目管理方
	审核批准	复核部门意见，确定施工单位	部门意见或中标文件	复核意见	决策人

2.4.3 实施方案论证环节的风险识别及预防要点

实施方案是在小型基建类项目立项后，针对项目目标所制订的施工技术方案和管理方案的总称。

项目施工技术方案主要依据项目目标，由施工单位现场踏勘后，提供有效的分项作业内容，测算作业中的量、费、价等基础估算数据，测算出成本、工时、进度等具体执行方案。施工技术方案在施工单位遴选时一并评审。

管理方案则是相关管理部门在完成项目任务过程中，针对项目执行过程而实施的合同签订、安全监管、作业监管、资金使用安排、材料设备购置、验收管理等一系列的组织措施和推进计划。

根据实施方案论证流程（图2-3），本书归纳的主要风险及预防要点如表2-3所示。

2.4.4 合同签署环节的风险识别及预防要点

施工方确定后，依据评审结论，事业单位作为小型基建类项目的法人主体，要与施工方签署正式的施工合同，将项目建设的委托施工任务确定下来。施工合同是双方达成共同意向、形成共进实施步骤的一项法律文本，是双方履行权利和义务的约束性文书，因此，其关键性要素的准确性、严谨性、规范性是避免后续执行中发生分歧、降低

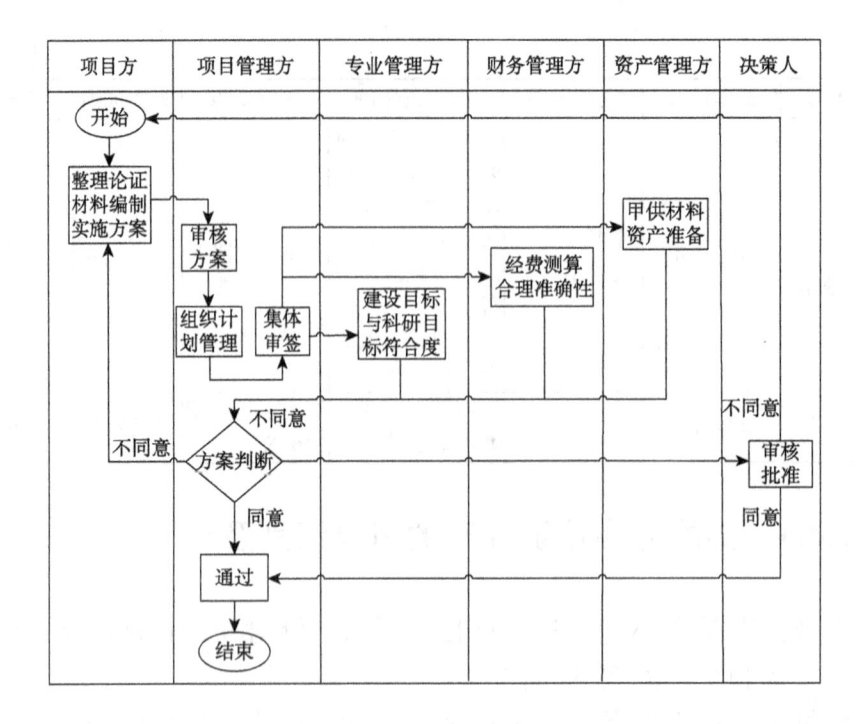

图 2-3 实施方案论证流程

表 2-3 实施方案论证环节的主要风险及预防要点

流程编号	工作任务	主要风险	关键控制措施	预防要点	实施证据	实施人
实施方案论证	依据项目立项书，编制实施方案	实施方案内容不全，组织管理不符合内控要求	组织管理合理，项目设计完整，工程概算准确	严格按照项目任务书内容编制实施方案，可委托第三方完成，项目组严格审核	方案说明书、单位内控规定、专家意见	项目管理方
	按照内控管理要求，确定项目组织管理方案	组织管理与内控制度不符，岗位职责不清晰	岗位设置合理，职责分工明确，工程进度安排合理	岗位职责明确到人，依据工程分项和工程量确定合理的建设周期，制定明确的时间节点	组织管理文件、会议纪要、工程实施计划资料	项目管理方
	施工条件复核	施工条件不具备	施工地能否进场，施工基本装备、设施等条件复核	主要核查施工条件是否具备，包括人、财、物等基本条件	现场核查记录，财务、项目组提供条件证明	项目管理方

续表

流程编号	工作任务	主要风险	关键控制措施	预防要点	实施证据	实施人
实施方案论证	工程量清单、施工图纸及概算审核论证	清单内容不完整，图纸设计不翔实，概算内容不具体，与目标有差距	清单内容完整翔实，图纸绘制清晰正确，概算内容完整合理	参照建设指标、内容逐项核对设计图纸，保证设计内容全面，指标设计合理；逐项核对清单，确保内容完整清晰，概算全面具体，计价合理，测算方法正确	工程量清单、施工图纸、项目概算文件	项目管理方、项目方、财务管理方
	完成管理报备、组织授权等准备工作	相关手续不完善，施工条件不具备	报备、审批手续完善，施工条件具备	逐项落实开工条件；相关专项审查通过审批	各种报备资料、审批文件	项目管理方

不可控风险的重要环节。

合同签署的主要风险体现在对合同关键性要素的实质性审核方面。合同文本的关键性要素包括：合同标的约定是否清晰，合同实施主体权利义务约定是否合理，合同经济型要素约定是否明确；合同完成标识、涉及资产设备的归属等界限划分是否规范，合同分歧解决方式是否恰当等。此外，还包括合同附件内容、相关测算资料是否完整，是否与评审提供的承诺一致等。

以上关键性要素的审核疏忽、合同文本约定不科学都可能给后续项目进展带来潜在的风险和隐患。

根据合同签署流程（图 2-4），本书归纳的主要风险及预防要点如表 2-4 所示。

2.4.5 货品与物料采购环节的风险识别及预防要点

在小型基建类项目推进过程中，需要购置施工材料或设备的情形，一般分为两种情况：一种是需要甲方（及项目方）直接采购提供的特殊材料，如吸波材料、高低压配电箱柜等；另一种是由施工方负责采购的施工任务材料，如防水涂料、墙纸面板等。施工方采购材料

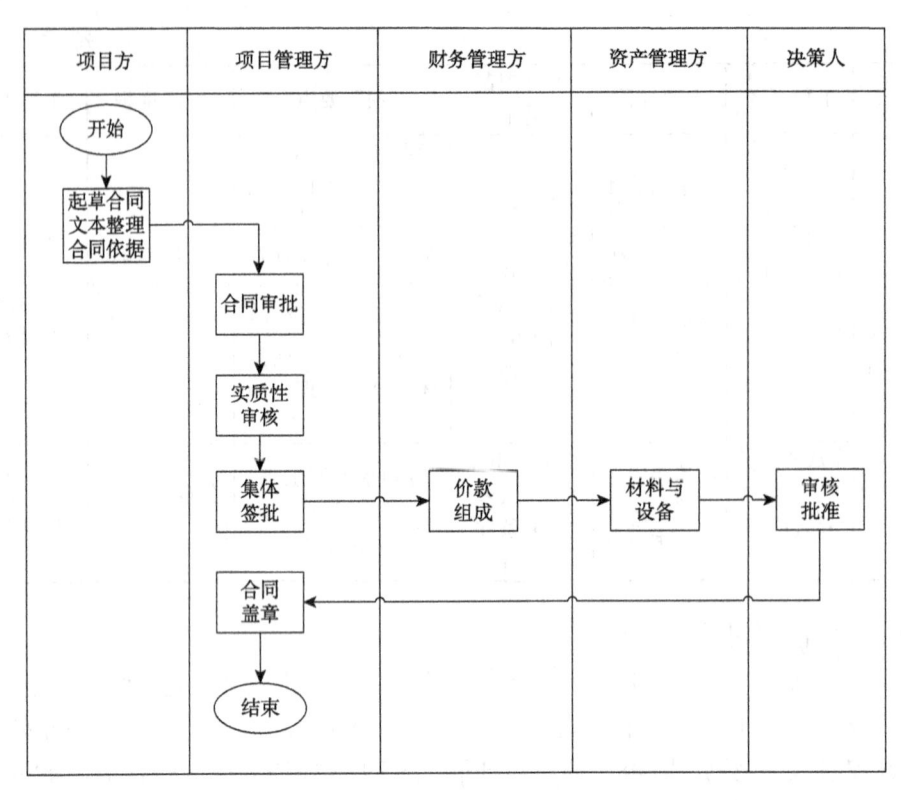

项目方	项目管理方	财务管理方	资产管理方	决策人
开始 ↓ 起草合同 文本整理 合同依据	合同审批 ↓ 实质性 审核 ↓ 集体 签批 ↓ 合同 盖章 ↓ 结束	价款 组成	材料与 设备	审核 批准

图 2-4　合同签署流程

表 2-4　合同签署环节的主要风险及预防要点

流程编号	工作任务	主要风险	关键控制措施	预防要点	实施证据	实施人
合同签署	起草合同文本	内容与立项目标不一致；内容与招投标内容不一致；合同格式规范不严谨	对合同格式的严谨性，合同范围和内容项的完整性、一致性进行审核	对照立项文件和招投标文件审核内容的一致性、完整性	施工合同文本	项目方、项目管理方
	合同审批程序流程	合同审批程序不完善、不规范	依据内控管理要求，执行合同逐级审批流程	严格按审批流程执行	审批记录	项目管理方

续表

流程编号	工作任务	主要风险	关键控制措施	预防要点	实施证据	实施人
合同签署	合同内容实质性审核	合同内容不完整，有缺项；合同条款不合理；合同分项或计价标准不合理；合同附件不规范，明细不具体；责任分工不具体，履约责任不明确	明确核查责任，审查合同内容文本及附件	1. 审查合同基本要件和附件是否符合行业标准和本单位内部规范要求，是否包括必要的双方权利义务、违约责任、保修、质量责任期限等 2. 审核合同价格组成是否涵盖所用建设内容，计价标准是否合理，清单是否完备	审批记录	项目管理方
	合同关键项的重要性审核	合同价格与预算不符，支付方式不合理，材料设备不具体，计价标准不合理等	核查合同文本及附件关键性条款	对关键性条款进行审核，包括合同价款组成、支付方式、结算方式、违约责任及违约金支付形式等	合同文本及条款	项目管理方
	主管领导审批	未按权限经各主管部门审批	以上环节的审批程序记录真实完整	对合同内容和审批流程的整体把握	审批程序记录	决策人
	合同签署、盖章	合同订立双方主体资格不符合法律要求；签署日期不合理；盖章用印不规范等	签署双方主体信息准确完整，签署要素齐全，骑缝章及用印规范	1. 合同订立双方主体资格应符合法律要求，签署人应具备相应权限 2. 合同签署日期、签署人要素齐全 3. 合同章、骑缝章清晰规范	用印审批记录	项目管理方

计入合同总额中，这里不做论述，我们只讨论由甲方直接采购的风险识别和预防要点。

由于建筑相关材料型号规格质量等级多种多样，货品与物料采购质量的高低直接决定了任务成本控制的优劣，货品与物料采购的风险控制包含两个方面：一是采购时的审批控制（图 2-5）；二是货品与物料使用的管理控制（图 2-6）。

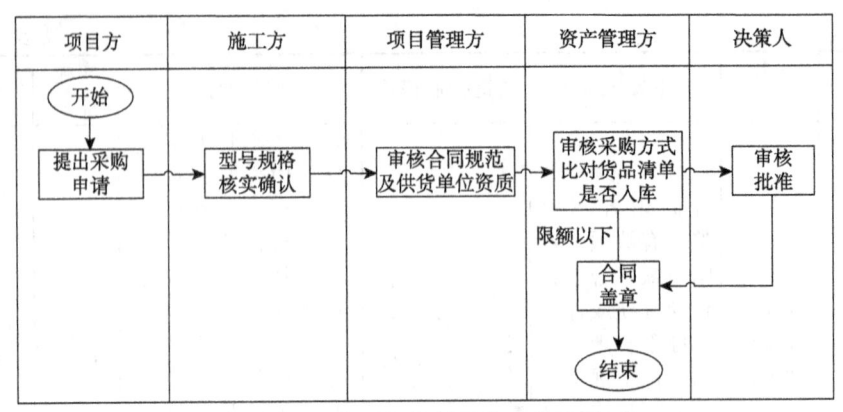

图 2-5　货品与物料采购审批流程

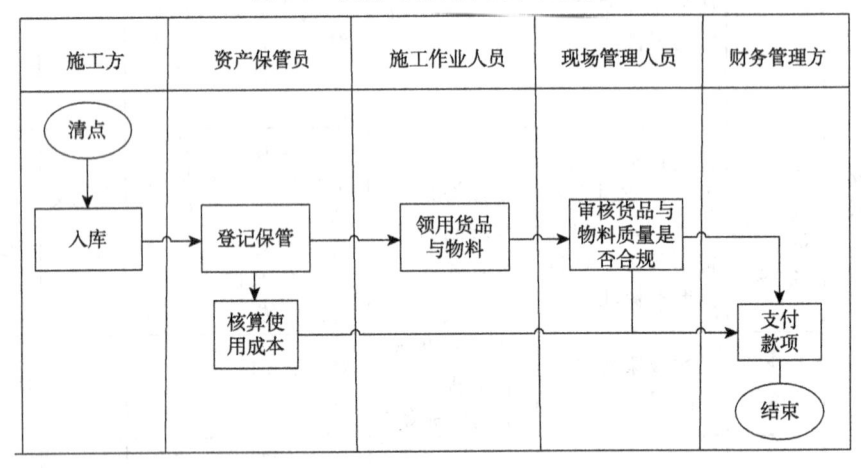

图 2-6　货品与物料使用控制流程

货品与物料采购环节的主要风险及预防要点见表 2-5。

表 2-5　货品与物料采购环节的主要风险及预防要点

流程编号	工作任务	主要风险	关键控制措施	预防要点	实施证据	实施人
货品与物料采购	采购申请审批	超计划采购，挪用或浪费	采购申请审核，避免超计划采购	采购申请审批，审核采购申请与立项书采购计划（材料种类、数量等）是否一致	1. 立项书（材料采购计划表） 2. 采购申请审核表	项目方、项目管理方
	确定采购方式，规范采购流程	关联交易，利益输送，拆分采购	规范供应商选择程序	1. 根据额度，采取相应采购方式（三家比价、招投标等） 2. 审核查证供应商资质 3. 定期公示	1. 三家比价表或招投标资料 2. 供应商资质材料 3. 公示资料	项目方、项目管理方

续表

流程编号	工作任务	主要风险	关键控制措施	预防要点	实施证据	实施人
货品与物料采购	签订采购合同	合同信息约定不明确，权责不清晰	合同审核审批	1. 合同签订流程规范，签字盖章齐全有效 2. 合同重要信息约定清晰，权责明确，包括标的物规格型号、批次数量、单价总价、运费、交付方式、付款进度、维修保养等	1. 合同盖章审批资料 2. 采购合同具体条款	项目管理方、合同管理方
	物资交验	以次充好；数量不足，假合同虚假采购	检查物资材料质量、规格、数量等	1. 物资材料到货，至少2人验收；金额较大项目由监理公司和甲方共同验收 2. 建立物资材料入库登记记录	1. 采购合同 2. 入库登记记录 3. 现场观察和抽验	项目方、项目管理方、项目监理方
	材料保管和使用跟踪	材料挪用、浪费；虚假采购	做好材料保管和领用管理	1. 建立物资材料领用记录或台账 2. 定期盘点物资材料余量 3. 与施工方采购和领用材料分析比对，避免重复采购	1. 材料入库登记表 2. 材料领用登记表 3. 现场盘点表	项目管理方

2.4.6 项目款项支付环节的风险识别及预防要点

小型基建类项目实施过程中的款项支付是最基础、最活跃、最重要的业务活动。款项支付包括工程进度款、材料采购款、服务合同款等。其中，工程进度款项支付是其中核算最为复杂、最容易出现风险的环节。

工程进度款项支付依据施工方提交的工程作业进展证明材料和核算款项确认材料，申请支付相应份额的资金。其中应关注的风险点包括三个方面：一是款项支付依据是否充足，核定款项额度是否合理准确；二是支付手续是否完整，是否符合明确的控制管理规范；三是支付方式是否符合财经法规要求。

其他材料款、服务合同款的支付要依据合同约定，达到合同约定支付条件后，按照事业单位相关资金控制程序支付相关款项。

依据项目款项支付流程（图2-7），本书归纳的主要风险及预防要点如表 2-6 所示。

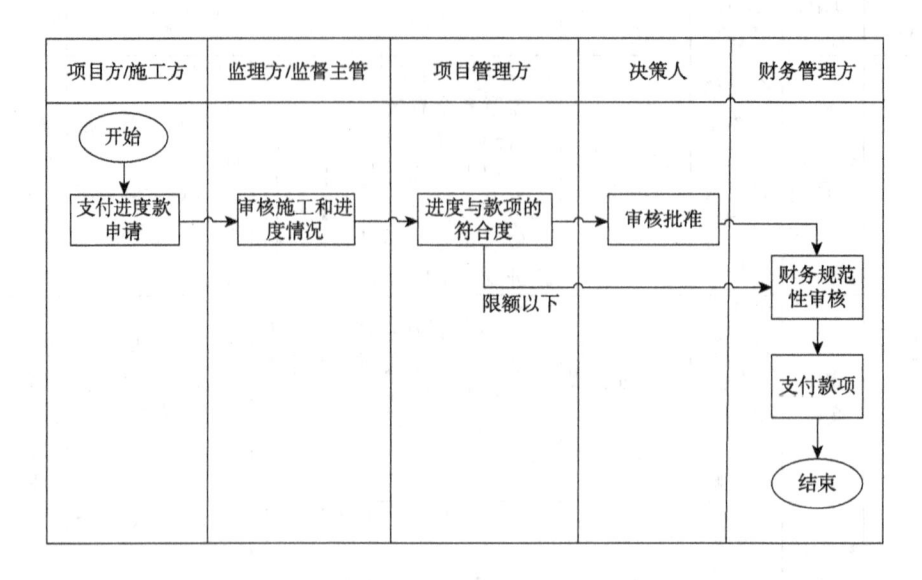

图 2-7　项目款项支付流程

表 2-6　项目款项支付环节的主要风险及预防要点

流程编号	主要风险	关键控制措施	预防要点	实施证据	实施人
项目款项支付	支付依据不完整、不规范	进度完成度证据审核，款项支付依据审核	支付申请材料与合同约定、投标书一致；执行进度完成度测算具体明确，监理、管理部门意见签署齐全，附件材料完整等	支付依据	监理方、项目管理方
	超范围支付进度款	进度款支付内容与合同约定内容一致，支付范围合理规范	严格按合同内容和支出范围支付进度款	支付凭证和附件	项目管理方、财务管理方
	支付约定与合同不一致，款项内容数量不具体、不准确	进度款项与工程明细的匹配度审核，数量、单价、计价标准准确，与合同约定一致	参照对比预算清单审核工程实际执行量，通过对支付依据资料的完备性检查加强对进度款价款构成的审核	支付凭证和附件	项目管理方、财务管理方
	未按内控管理要求执行逐级审批	各级业务控制管理岗位人员加强审核把关	严格按照内控管理要求执行审批	审批记录	项目管理方、财务管理方

续表

流程编号	主要风险	关键控制措施	预防要点	实施证据	实施人
项目款项支付	支付方式不规范	支付方式严格按照财经法规要求执行	严格按照财经法规支付进度款	支付凭证及附件	项目管理方、财务管理方
	财务支付不规范	变更、签证调整审批与款项支付；超范围施工审批及追加合同款支付；材料单价数量变更与合同款支付等规范性审核	严格按照各类变更审批程序执行规范，款项支付审批程序规范执行	支付凭证及附件	项目管理方、财务管理方

2.4.7 施工内容变更环节的风险识别及预防要点

在小型基建类项目施工过程中，由于需求变更、作业面基础条件限制、出现预想外事项等原因影响原计划施工内容时，可以对施工内容进行增减变更。施工内容的增减变更会影响原有项目进度、项目成本，甚至有可能动摇项目目标的实现。因此，施工内容的变更作为对项目有重要影响的业务活动，必然要建立一个项目管理方、施工方都需要遵循的应急处理协商机制，以应对突发情况，确保整个项目的顺利实施。

小型基建类项目施工内容变更中的主要风险体现在以下几方面：一是变更的需求和依据是否客观真实，作为项目计划外的施工内容，必须以必要性、真实性、客观性为基础核实，杜绝人为抬高作业成本而虚增的施工项或新增不必要的材料设备；二是变更程序是否规范，变更事项需要施工方、项目管理方达成一致，不能单方面决定增减变更项；三是变更内容的量、价、费测算要科学合理，防止通过抬高价费的方式虚增支出成本；四是变更记录要准确完整，避免记录缺少导致后期发生矛盾和纠纷。

依据施工内容变更流程（图 2-8），本书归纳的主要风险及预防要点如表 2-7 所示。

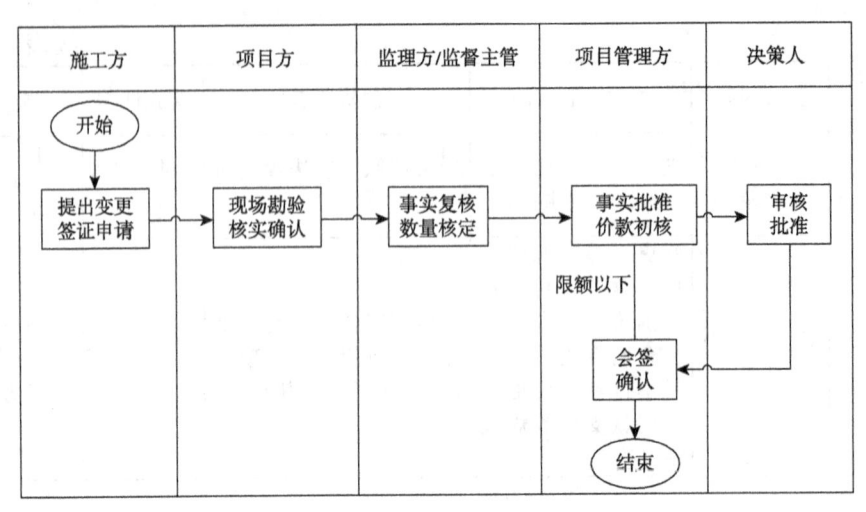

施工方	项目方	监理方/监督主管	项目管理方	决策人
开始 → 提出变更签证申请	现场勘验核实确认	事实复核数量核定	事实批准价款初核 → (限额以下) 会签确认 → 结束	审核批准

图 2-8　施工内容变更流程

表 2-7　施工内容变更环节的主要风险及预防要点

流程编号	工作任务	主要风险	关键控制措施	预防要点	实施证据	实施人
施工内容变更	发起单位提出变更签证、预算申请	变更、签证理由不充分，工程签证内容与实际不符或虚假签证	组织对变更、签证依据的论证和评议	1. 汇总变更、签证依据的论证材料 2. 听取专家意见 3. 组织集体评议	论证材料、专家意见、评审纪要等	施工方
	基建管理部门对变更、签证申请进行审批	未履行分级审批集体决策程序	按程序履行审批手续	严格按审批流程执行	审批程序记录	项目管理方
	变更签证费用审核	费用计算不准确、工程变更价款不合理	确定价格组成、工程量计算规则、工程取费的计算基础及费率标准、主材价格	1. 逐项计算项目工程量 2. 选用恰当的工程定额 3. 选用正确的工程取费计算基础及费率标准 4. 确定材料价格	工程量计算式、工程定额、费用定额、材料价格确认单	项目管理方、财务管理方
	变更签证材料审核批准	未按程序审批，工程变更签证不规范，手续不完备	复核部门审查意见，批复变更签证申请	签署核准意见	批准文件	决策人或决策机构

续表

流程编号	工作任务	主要风险	关键控制措施	预防要点	实施证据	实施人
施工内容变更	现场实施情况审查	现场实际施工内容与签证变更内容不符	组织建设、监理、施工等单位现场核查、验收	1. 现场确认完成工程量 2. 保存现场施工照相等影像资料	工程量确认单、影像资料	项目管理方
	变更签证经济或工期索赔申请	费用、工期计算不准确，变更不及时，导致重复施工，造成损失浪费	确定实际完成的工程量及延误工期	1. 现场测量确认完成工程量 2. 确定实际延误工期天数	工程量确认单、工期延误确认单	项目管理方
	审核批准				审批意见	决策人

2.4.8 现场监管环节的风险识别及预防要点

在小型基建类项目实施过程中，加强现场监管和督导是促进项目顺利完成的有效手段。现场监管分两种方式，一是以项目主管为实施主体的日常巡查巡视，包括参加项目例会讨论，施工现场巡查等。二是关键环节的检查验收，如涉及隐蔽工程的，要单独进行验收检查；合同约定重大环节进展需要单独检查评估的，按合同约定进行单项检查。关键环节的检查验收可以会同单位内部审计人员、聘请专业人员一起参与。

现场监管实施过程中的风险体现如下：一是监督责任落实不到位，项目主管对自己的岗位职责不清楚，对小型基建类项目过程中要监督什么、记录什么、检查什么没有概念，无法开展日常监督工作；二是未形成有效的监督规范和工作机制，未定期组织相关人员对日常发现的问题进行研判、讨论，分析风险，不能随时跟踪项目进展情况，有针对性地提出改进建议；三是与施工方不能有效沟通，在施工过程中未形成互动局面，出现问题风险无法及时排除；四是督导改进工作落实不到位，发现问题未及时整改。

依据现场监管流程（图 2-9），本书归纳的主要风险及预防要点如表 2-8 所示。

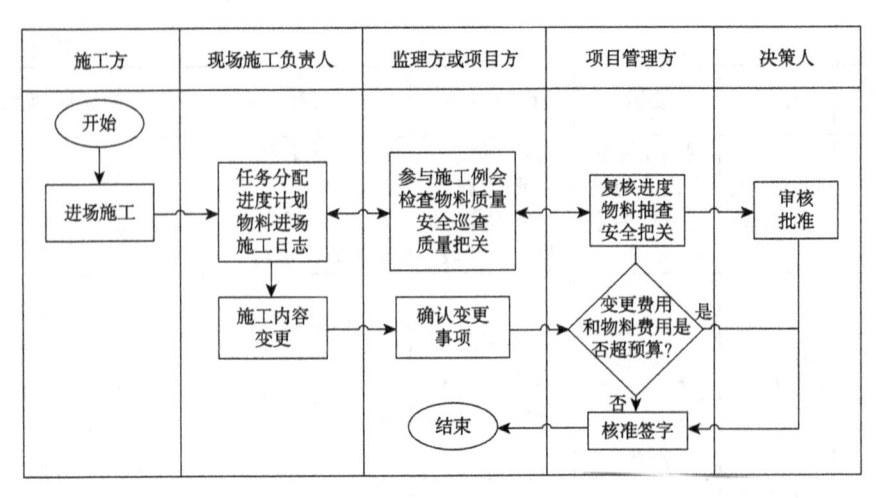

图 2-9 现场监管流程

表 2-8 现场监管环节的主要风险及预防要点

流程编号	工作任务	主要风险	关键控制措施	预防要点	实施证据	实施人
现场监管	监管分工与职责	未明确监管岗位，未明确监管责任	落实监管职责与分工	1. 明确项目监管人员岗位职责 2. 制定项目日常监管工作规范 3. 做好监管工作总结、检查和评估	管理责任书	项目管理方
	日常监管工作机制	未明确工作内容和工作规范，监管任务落实不到位	日常监管工作要点、关键节点监管措施	1. 明确项目现场监管巡查的工作规范和要点，做好现场监管记录 2. 管理部门定期对监管记录进行总结和评价，给出改进建议 3. 建立关键节点的联合检查和监督机制，把控关键环节	1. 监管工作规范 2. 日常监督记录	项目方、项目管理方
	监管工作的总结、检查、评估	监督流于形式，不能及时发现风险隐患；与施工方缺乏沟通联系，未及时跟踪反馈问题	日常监督记录、总结评估、沟通反馈	1. 明确日常监管记录规范，做好日常巡查巡视工作 2. 定期完成日常工作的总结和评估，分析研判问题，提出改进建议 3. 建立与施工方的沟通协调机制，及时提醒与反馈意见	1. 日常记录 2. 问题分析研判总结，改进建议 3. 沟通协调会议纪要或提醒单	项目方、项目管理方、施工方

续表

流程编号	工作任务	主要风险	关键控制措施	预防要点	实施证据	实施人
现场监管	监管意见的反馈及修正	监管意见与施工方意见不同，无法形成正反馈效应	沟通协调，使改进意见达成一致，督促落实整改要求	1. 监管方与施工方进行沟通，达成一致意见后提出整改方案，督促实施整改 2. 整改涉及影响项目的成本控制额，或影响项目进度等重大事项，按照重大事项流程进行处置 3. 形成纠纷则考虑采用法律手段	1. 会议纪要 2. 整改通知单 3. 整改验收结论	项目方、项目管理方、施工方

2.4.9 重要事项记录环节的风险识别及预防要点

小型基建类项目实施过程中，不可避免地会遇到影响项目质量、进度、成本、安全等的重大事项或重要活动，为确保能准确回溯这些事项或活动，需要通过文书、照片、影像资料等方式记录下来，以便于后续检查、审计时了解事件的发生发展过程及事务之间的联系。

涉及小型基建类项目成本、质量、安全、进度的事项包括：施工质量事件、需要单独论证的技术问题、重大事故或重大变更、现场例会、重要事项的检查（如隐蔽工程验收）、重大节点的检查及结论（如验收）、重要更改指令的下发及实施等。

记录的要件包括：时间、地点、人员、缘由、现场条件及状况、决策意见、签字记录、影像等。

重要事项记录环节的风险主要体现如下：一是记录不及时，无法获取一手的证据、数据、影像；二是记录内容不规范，只记录了缘由，没有留存影响事项的关键人员决策签字等要素；三是记录归集不完整，记录未编号归类导致遗失等事件的发生，影响记录的质量。

依据重要事项记录流程（图 2-10），本书归纳的主要风险及预防要点如表 2-9 所示。

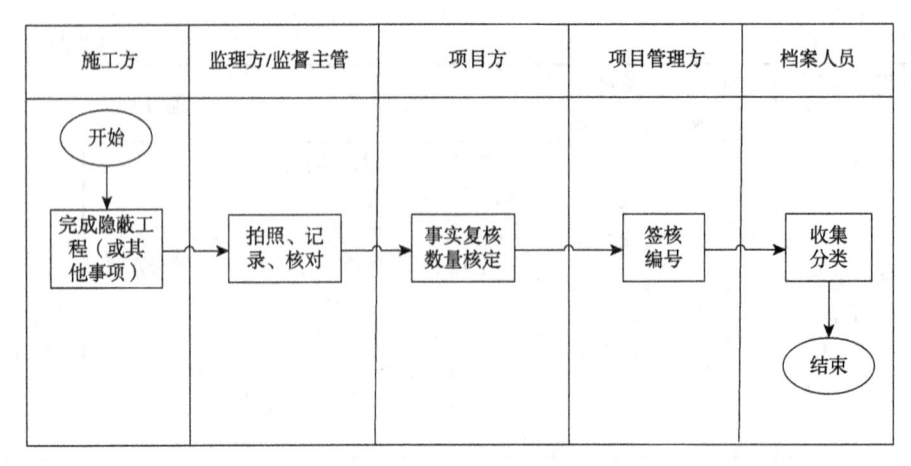

施工方	监理方/监督主管	项目方	项目管理方	档案人员
开始 ↓ 完成隐蔽工程（或其他事项）	拍照、记录、核对	事实复核数量核定	签核编号	收集分类 ↓ 结束

图 2-10　重要事项记录流程

表 2-9　重要事项记录环节的主要风险及预防要点

流程编号	工作任务	主要风险	关键控制	控制措施	实施证据	实施人
重要事项记录	隐蔽工程记录	偷工减料、以次充好和虚报冒领建设资金	完整记录隐蔽施工日志	1. 做好隐蔽工程的记录，要对隐蔽工程的各道工序、各种材料的领用情况详细记录，必要时采用现场拍摄方式记录工程的施工情况 2. 做好隐蔽工程施工前和施工后的照片记录	工程施工记录或照片	施工方、项目管理方
	合同中工作量清单价格的变更记录	擅自提高工程施工成本	检查合同价款是否与招投标确定价款一致	1. 项目监理和工程主管部门审核合同价款变更内容和程序是否合理并出具审核报告 2. 跟踪审计小组审查材料价格的计算条款内容是否清晰，定价是否合理 3. 重大变更需经决策机构审批并形成纪要	1. 合同变更审核记录 2. 核准确认文件	监理方、项目管理方、决策人或决策机构

续表

流程编号	工作任务	主要风险	关键控制	控制措施	实施证据	实施人
重要事项记录	工程变更或签证事项的记录	施工方所报工程量的不真实，存在合同内的事项再次列报或这项签证单重复列报同一事项情况，重复计价	项目监理、工程管理部门严格审核，执行审批程序	1. 主张方以书面形式提出工程变更或经济签证的具体内容 2. 变更和签证审核通过后，按照基建修缮项目管理办法规定的审批程序进行办理 3. 项目跟踪审计组要对工程变更或签证所涉及的费用进行核算 4. 项目管理单位出具正式的变更、签证单，必须经建设方或设计方、施工方、监理方签字盖章，最终作为事后审计的结算依据	1. 工程变更和签证的审核意见 2. 工程变更和签证费用审核意见 3. 工程变更和签证变更的审批意见	监理方、项目管理方、决策人或决策机构
	设计变更事项记录	设计变更对工程的质量、安全、工期、投资、效益产生重大影响	设计变更实行分级审批程序，对变更的合理性进行审定	1. 重大设计变更文件，由决策人或决策机构按原报审程序报原初步设计审批部门审批 2. 一般设计变更文件，工程主管部门组织评审确认后实施	1. 审批核准文件 2. 设计变更评审报告	决策人或决策机构

2.4.10 项目验收环节的风险识别及预防要点

项目验收是小型基建类项目实施过程中目标完成度的重要核验环节，也是小型基建类项目综合事项集中评价并出具结论的重大标志性活动，因此项目验收不仅是各项管控措施集中体现的关键环节，同时也是风险识别和预防措施最合适的切入点。

项目验收环节中的风险主要体现在以下几个方面：一是验收内容和验收事项与项目标的和合同约定事项不完全匹配，存在未达标事项或缺项漏项，未形成实质性验收；二是验收标准模糊，测算复核不规范，导致验收结论与实际情况存在较大偏差，影响项目质量；三是验收人员履职不到位，签字不完整，验收过程形式大于实质，不能有效规避问题与风险。

依据项目验收流程（图 2-11），本书归纳的主要风险及预防要点如表 2-10 所示。

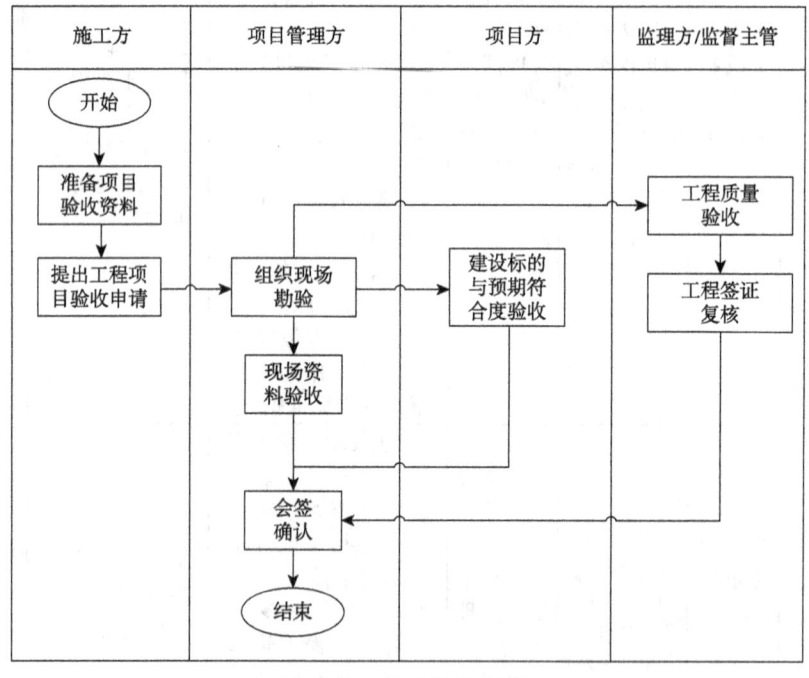

图 2-11 项目验收流程

表 2-10 项目验收环节的主要风险及预防要点

流程编号	工作任务	主要风险	关键控制措施	预防要点	实施证据	实施人
项目验收	项目质量	专业水平不高，对技术规范、质量标准掌握不够；日常管理不严，制度落实不到位，造成质量不达标；未签署全部质量合格文件	实地参观考察，调研用户使用感受	现场检查，评价效果，查找不足	现场观感，听取用户意见	项目方、项目管理方

续表

流程编号	工作任务	主要风险	关键控制措施	预防要点	实施证据	实施人
项目验收	施工内容	未按设计图纸、承包合同与业主要求完成全部内容；分阶段的验收内容缺失	研读项目总结报告，查看洽商变更单，比对竣工图，核实目标完成情况	竣工图完整性，体现变更洽商，项目总结报告	竣工图纸、承包合同、项目总结报告	项目管理方
	施工资料	技术资料及材料实验报告不完整、不全面，无相关记录；与设计指标有差异	核查隐蔽工程验收记录，抽查材料检验检测合格证、设备调试及运行记录、专项技术检测报告等，查验各项指标完成情况	抽查工程竣工档案	验收记录、运行记录、检测报告、合格证等	档案管理负责人、项目管理方
	现场验收	未成立符合项目的验收小组，组织流于形式；验收过程不符合建设规范；验收过程中发现的问题未整改	核实验收小组成员范围、内容及验收过程，查验验收记录及结论	抽查会议议程、会议签到、竣工验收报告、竣工验收单、问题整改报告等	会议签到表、竣工验收单、工程质量保修书、问题整改报告	项目管理方

2.4.11 结算审核环节的风险识别及预防要点

小型基建类项目的工程结算通常委托有资质的第三方造价咨询机构进行审定，然后由项目管理方复核无误后，确定结算金额。

在此过程中，项目管理方进行的结算审核主要风险体现如下：一是管理方与第三方造价咨询机构的工作约定不明确、目标不统一、信息不对等风险；二是施工方提供的结算资料不齐全风险；三是管理方对结算报告复核把关不细致不严谨风险。因此，管理方应与第三方造价咨询机构密切沟通，明确双方职责，确保造价咨询机构的审核质量。同时，督促施工方及时提交完整的结算资料，规避资料不全蒙混过关导致的成本超支。管理方应仔细对初审结算报告进行复核，通过对比投标文件、合同附件、图纸数据等，核定结算报告的完整性、科学性、合规性，降低结算审核风险。

依据结算审核流程（图 2-12），本书归纳的主要风险及预防要点如表 2-11 所示。

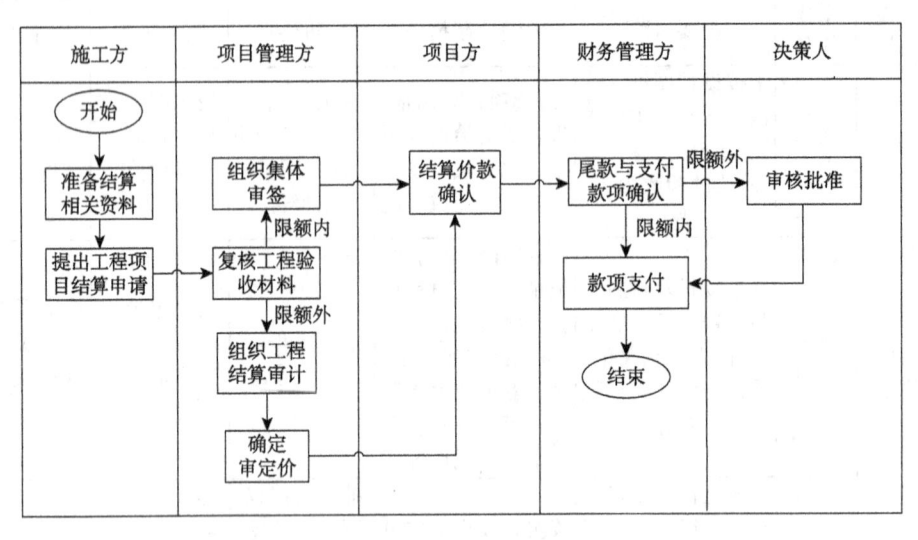

图 2-12 结算审核流程

表 2-11 结算审核环节的主要风险及预防要点

流程编号	工作任务	主要风险	关键控制	控制措施	实施证据	实施人
结算审核	合同台账清理	合同台账记录不完整，合同履行信息不准确	厘清合同台账，明晰合同履行状态	结算前梳理合同台账，明确合同编号、合同内容、签约方、金额、付款条件、历次付款记录、票据开具情况、合同成本核算情况、合同履行情况	合同文本、付款记录	项目管理方
结算审核	资产采购台账清理	采购台账记录不完整，资产材料耗损信息不准确	厘清采购台账记录，明晰材料设备使用情况	结算前梳理资产采购台账，明确采购名称、采购内容、供货单位、入库信息（含规格型号、数量、单价等）、领用信息（含日期、数量、单价、安装部位等）、库存信息等	采购合同、使用记录、库存记录	项目管理方
结算审核	结算前项目验收材料复核	项目验收材料不充分，验收记录不完整	项目验收材料完整性与符合性审核	结算前需要汇总收集项目验收质量合格记录、相关签证变更记录、物料使用记录、工程施工相关资料，保证资料完整准确、签署齐全	验收记录、签证变更记录、物料使用记录、施工资料	项目管理方

续表

流程编号	工作任务	主要风险	关键控制	控制措施	实施证据	实施人
结算审核	财务数据核算及成本统计	项目核算不及时，成本归集不准确	财务成本核算管理	结算前需要汇总项目已完成的收付款情况、财务核算情况及成本归集情况	财务凭证	项目管理方、财务管理方
	工程结算价款的审核与复核	工程量核定不准确，综合取费基数、取费率不符合规定，材料费计价不准确，工程签证变更单不准确	核定实际工程量、材料价款、计费标准、签证变更内容真实性	严格按照合同条款对应工程量，对新增及变更工程量进行重点检查，严格按照合同约定比对材料价格，对于工程新增、变更材料价格需严格审查计费依据，核实签证变更内容	合同文本、工程量清单、材料费清单、签证变更等材料	项目管理方、财务管理方或第三方机构
	工程价款复核结果的审批	审批程序不规范	工程价款结算结果审批流程	严格按照内控管理要求对复核结果进行审批	工程价款结算清单	决策人
	工程价款的支付审核	审批程序不合规	支付情况审核流程	严格按照内控管理要求对支付结果进行审批	支付凭证、审批意见	财务管理方、决策人

2.4.12 项目资产核算与管理环节的风险识别及预防要点

在小型基建类项目实施过程中，必然会涉及项目资产核算与管理问题。小型基建类项目中的资产来源于两个方面：一是项目配套购置的设备、产品、配件等（达到固定资产管理等级的，按固定资产核算管理；未达到固定资产管理等级的，按基建材料进行费用化处理）；二是小型基建类项目完成后经评估可以转为固定资产的情形。

小型基建类项目资产核算与管理中存在的主要风险如下：一是项目执行过程中，相关购置的设备资产管理使用由施工方负责，项目管理方不易掌握实际使用情况。二是项目验收时，施工方未能及时准确地提供项目购置设备清单，管理方也不能准确完成设备的转固核算，可能造成账外资产的情形。三是整个项目验收后，该项目标的物作为资产属性的评估工作弱化，整体转为固定资产的工作落实不到位，致使应纳入固定资产管理的基建项目标的物长期滞留账外，未及时转固的现象并不鲜见。

依据项目资产核算与管理流程（图 2-13），本书归纳的主要风险及预防要点如表 2-12 所示。

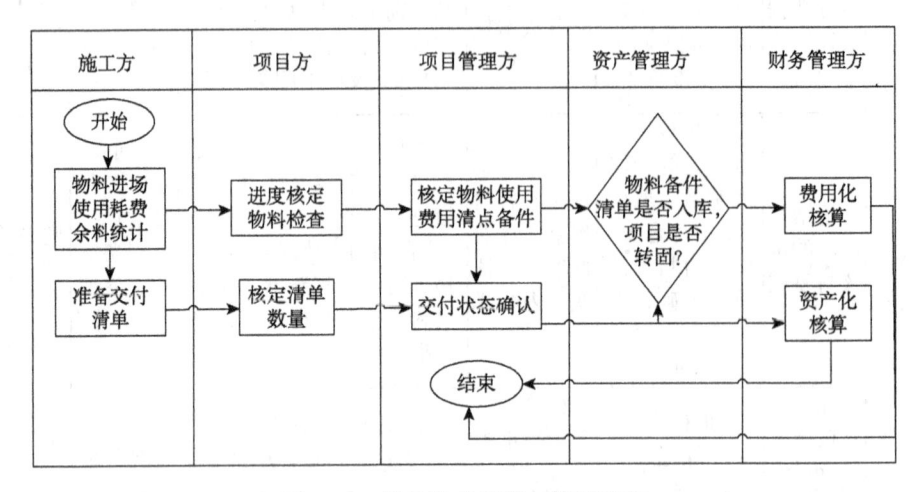

图 2-13 项目资产核算与管理流程

表 2-12 项目资产核算与管理环节的主要风险及预防要点

流程编号	工作任务	主要风险	关键控制措施	预防要点	实施证据	实施人
项目资产核算与管理	购买项目配套设备、产品、配件等	施工方购置的固定资产清单未及时报备	明确施工方应报备的具体内容和程序	1. 加强与施工的交流与沟通 2. 明确要求施工方将重要事项、形成的设备资产等作为日常报备内容，向管理方报备 3. 及时跟进施工方的进度，及时掌握施工方重要业务活动	项目设备报备清单	施工方
		有项目组购置的设备资产未及时按资产入账	财务部门账务核算把关	财务部门在采购或核销账务时，应严格按照固定资产管理入账核算（基建项目不能例外）	资产核算凭证	财务管理方
		施工方在验收前准备设备交付清单	设备交付清单不完整、不准确	加强对项目设备资产的交付前盘点，做好交接准备	1. 项目管理部门对交付设备清单进行检查，与实物资产进行核对 2. 加强对施工方日常经济活动的跟踪监督	资产设备清单	施工方、项目管理方

续表

流程编号	工作任务	主要风险	关键控制措施	预防要点	实施证据	实施人
项目资产核算与管理	项目设备资产的入账核算	未及时入账核算，形成账外资产	完成设备资产的核算和记账	1. 基建管理部门与财务部门对设备资产进行清点 2. 办理资产入账核算手续 3. 建立固定资产账	固定资产账	项目管理方、财务管理方
	项目整体标的物的资产评估	项目验收后未做资产评估	办理资产评估手续	1. 及时对项目标的物进行评估 2. 对评估后可以作为固定资产入账的，办理资产入账手续	标的物固定资产	项目管理方、财务管理方
	设备资产的使用管理	基建项目形成的设备资产使用管理不到位	明确资产设备管理规范，加强日常监督	1. 明确资产负责人的管理职责，加强日常管理监督检查 2. 每年对资产设备进行盘点 3. 适时做好资产使用、处置等工作	资产管理规范、资产盘点报告	资产管理方、项目方

2.4.13 项目档案归集环节的风险识别及预防要点

小型基建类项目的档案归集是项目管理流程中的收尾环节，也是对小型基建类项目前期所有工作的总结与梳理。小型基建类项目由于不需要纳入基建工程管理规范体系，其档案归集工作往往不受科研院所管理层的重视，会影响针对项目的回溯、检查及复核工作。

事实上，小型基建类项目档案工作也应遵循科研院所基本建设项目档案建档规范，根据实际需求进行分类编目。

小型基建类项目档案归集的主要风险体现如下：一是科研院所小型基建类项目归档制度不健全，管理规范缺失，造成该项工作缺位风险；二是项目管理执行层不重视，忽视此项工作的重要性；三是对重要性文书档案类别的判定标准不一，在项目实施过程中，完全由个人经验来判定应留存哪些证据、归集哪些资料，无法保证过程档案的系统性和完整性；四是缺少日常监督检查工作机制，对项目缺少实时跟踪检查，无法督促提醒档案归集管理，改进工作质量。

依据项目档案归集流程（图2-14），本书归纳的主要风险及预防要点如表 2-13 所示。

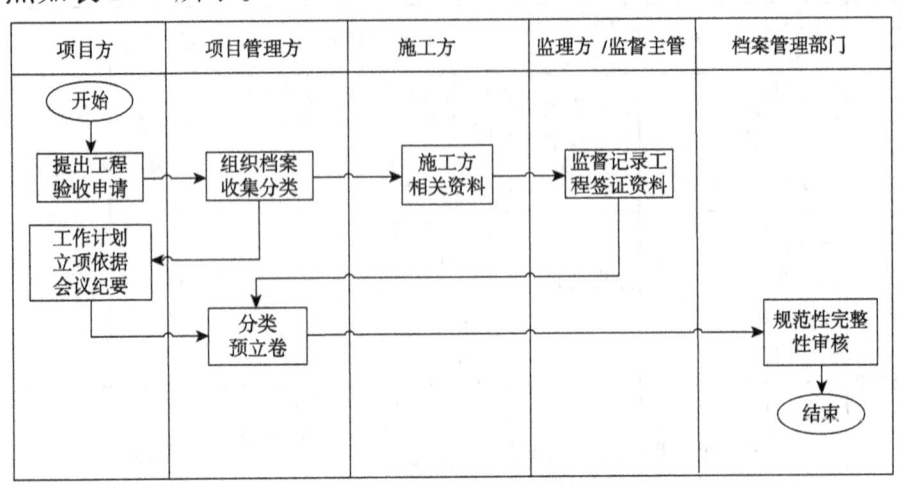

项目方	项目管理方	施工方	监理方/监督主管	档案管理部门

图 2-14　项目档案归集流程

表 2-13　项目档案归集环节的主要风险及预防要点

流程编号	工作任务	主要风险	关键控制措施	预防要点	实施证据	实施人
项目档案归集	项目组提出工程档案验收申请	项目组未及时提出档案验收申请	基建管理部门定期复核在建项目	1. 项目组每月编制在建项目进度表，报送基建管理部门 2. 基建管理部门每月跟进项目进度，对于满足档案验收条件的项目督促项目组提交档案验收申请	在建项目进度表	项目方、项目管理方
		项目尚未满足工程档案验收标准	基建项目管理部门对项目的档案进行自查	基建项目管理部门对提出申请的项目进行档案初步自查，并形成是否同意验收申请的结论	基本建设项目档案验收申请表	项目方、项目管理方
	项目组、施工方和监管部门整理预立卷	档案资料不完整、不准确、分类不规范	基建管理部门对档案进行初步审核	1. 基建管理部门对预立卷进行检查，形成是否同意移交档案管理部门的意见 2. 档案管理部门给予日常的监督和指导	档案初步审核意见	项目管理方
	档案资料提交档案管理部门审核	档案资料不完整、分类不规范	档案管理部门对档案的完整性、规范性发表意见	1. 档案管理部门对基建管理部门同意移交档案进行审核 2. 成立验收小组 3. 验收组对档案进行检查 4. 验收组出具验收意见	档案验收意见表	档案管理部门

续表

流程编号	工作任务	主要风险	关键控制措施	预防要点	实施证据	实施人
项目档案归集	档案存档	未通过验收的档案存入了档案管理部门	只有通过验收的档案才可以存档	1. 只有通过档案验收的档案才能入档案室 2. 档案管理部门对移交的档案审核无误后，在档案移交清单上签字	档案验收意见表、基本建设项目档案移交清单	档案管理部门
	未通过验收的档案整改	未通过验收的档案不进行整改	对于未通过验收的档案，限定整改期限	1. 对于未通过验收的档案，限定整改期限，并由基建管理部门跟进整改情况 2. 不按时整改的档案，由基建管理部门进行相应的处罚	整改报告、验收意见表	项目方、项目管理方

第 3 章　小型基建类项目内部审计监督工作基础

随着我国社会主义建设进入新时代，在推进国家治理体系和治理能力现代化方面，各级组织单位的内部审计工作成为其中重要的一环。全面履行内部审计职责，实现内部审计高质量发展，充分发挥内部审计在我国监督体系中的重要作用，是内部审计监督工作的首要任务。

本章以科研院所为例，简要阐述事业单位内部审计监督体系的建设要求，并依据事业单位内部审计工作机制，论述针对小型基建类项目开展审计监督的目标、策略、实施要点等，实现以审计促管理的效能。

3.1 事业单位内部审计基础

3.1.1 内部审计监督体系要求

科研院所是国家科技战略发展的核心力量，是科技创新发展的实施主体，承担着挑战科技探索难题、强化战略科技力量、促进科研成果转化、夯实科技创新根基等使命任务。因此，内部审计机构作为科研院所遏制损失浪费、实现价值提升、促进目标实现的职能部门，应始终聚焦于科研院所发展战略，提高政治站位，以政治眼光提升内部审计工作的高度，立足新发展阶段、贯彻新发展理念，为科研院所构建新发展格局服务。内部审计要从全局性、前瞻性的视角看待和分析审计出来的各种问题，着力分析科研院所在科研活动中面临的关键问题和突出矛盾，对于发展中不落实、不配套、不衔接等问题，内部审计及时提出整改和完善措施，确保内部审计在促进科研院所实现高质量目标、推动科研进展中发挥更大的作用。

在以上总目标要求下，科研院所内部审计监督工作要求包括以下几个方面。

（1）完善内部审计制度，依法依规独立行使内部审计监督权。

（2）建立审计工作机制，实现公共资金、国有资产、领导干部经济责任履职等内部审计业务全覆盖。

（3）强化审计监督作用，发挥内部审计在科研院所重大决策部署落实中的保障作用，发挥内部审计在规范权力运用中的督查作用。

（4）完善审计结果运用，推动审计问题的整改落实，以案促改，通过完善制度规范建设审计长效机制；以案促鉴，通过案例解读和警示提升审计示范效应，提升内部审计监督的实效性。

3.1.2 内部审计机构的设置

科研院所作为重要的事业单位组织机构，应当依据相关法律、法规、内部审计职业规范，建立健全内部审计制度，明确内部审计工作的领导体制、工作机制、职责权限、经费保障、审计结果运用和责任追究等。

科研院所根据单位经济规模、人员规模、组织规模的实际情况，应设立可以实现内部审计职能的组织机构，配备相关从业人员。审计机构的设置和审计人员的配备，是保障内部审计工作顺利开展的前提和基础。内部审计机构和内部审计人员依法依规对本单位及所属单位财政财务收支、经济活动、内部控制、风险管理实施独立、客观的监督、评价和建议，以强化主体责任，完善法人治理结构，促进资源有效利用，提高科研管理水平，防范重大风险。

1. 内部审计机构的设置原则

1）独立性原则

审计监督需要用独立客观的视角关注科研活动或管理业务中的问题和疏漏，因此，单位的内部审计机构都必须保持其组织上和业务上的独立性。既不能把内部审计机构附设在财务部门中，也不能附设在其他职能部门中，否则就丧失了它的独立性，难以客观公正地进行审计。独立性是内部审计机构设置的前提要求。

2）专职高效原则

专职是指内部审计机构及人员应该是专门从事审计工作的机构和人员，它完全置身于其他具体的业务活动之外。高效是指内部审计机构的设置应该精干，因事纳人。专职高效是内部审计机构设置的基本要求。

3）权威性原则

内部审计机构应当具有一定的权威性和话语权，才能顺利开展内部审计工作。根据《审计署关于内部审计工作的规定》，内部审计机构在本单位主要负责人的直接领导下，依照国家法律、法规和政策，以及本部门、本单位的规章制度，对本单位及所属单位的财政、财务收支及其经济效益进行内部审计监督，独立行使内部审计监督权，对本单位领导负责并报告工作。内部审计机构自身也要通过审计结果的科学性来增强其权威性。

2. 内部审计机构的设置方式

内部审计机构的设置应遵守前述原则，并结合部门、单位的组织管理体系等具体情况予以设置。一般而言，内部审计机构的设置采取分级管理和集中管理两种方式。

1）分级管理方式

分级管理方式是指按照部门、单位的组织级次设置内部审计机构，一级组织相应设置一级内部审计机构；部门、单位本级的内部审计机构对下属各内部审计机构进行统一指导，下属内部审计机构独立行使职权。分级管理的方式可使内部审计人员熟悉各自单位的环境和情况，使审计有较强的针对性和及时性；但也会使内部审计机构过于庞大，内部审计人员会受到所在单位负责人一定的约束，独立性程度相对较差。

2）集中管理方式

集中管理方式是指只在本部门、本单位最高层次设置内部审计机构，在下属基层不专门设置内部审计机构，由专门派出的审计人员对下属单位进行审计。在这种设置方式下，派出人员对下属单位具有较高的权威，其独立性程度也较高，但要加强审计的计划性，在了解下属单位的实际情况之后，再开展工作。

科研院所内部审计机构的设置方式和管理模式包括但不限于以下几种：设立独立的内部审计机构，配备专兼职内部审计人员；设立与纪检、监察、人事等合署办公的内部审计机构，配备专兼职内部审计人员；依托综合、人事等部门管理，配备专兼职内部审计人员。以合署办公或依托管理形式设置内部审计工作部门的，应逐步向独立内部审计机构转型。

3.1.3 内部审计部门的管理目标、职能和作用

内部审计是一种独立、客观的确认和咨询活动，旨在增加价值和改善组织的运营。它通过应用系统的、规范的方法，评价并改善风险管理、控制和治理过程的效果，帮助组织实现目标。

1. 独立和客观

在科研院所管理体系范围内，无论内部审计部门是单独设置还是合署办公，其业务开展和评价程序应当是独立的、客观的，这样才能保证其监督活动、监督数据的可靠性，保证监督评价质量的有效性，真正发挥审计监督的实效。

2. 确认和咨询

很多单位更多的是用监督和服务来给内部审计定位。国际内部审计师协会的确认和咨询更倾向于外部审计。确认和咨询虽然从字面上降低了内部审计的权威性，但是增强了内部审计与被审计单位的合作性。

3. 增加价值和改善运营

现阶段很多单位的内部审计价值往往体现在查错纠弊上，改善单位运营和管理还需要内部审计提出更有针对性的建议。有些组织把内部审计的作用定义为促进效益和效益的提高，这个对内部审计的难度比较大，衡量起来也比较难。增加价值和改善运营的说法相对就比较模糊，也为内部审计提供更多的发展空间。

4. 系统和规范的方法

内部审计需要运用系统性方法开展工作，这样才能更加全面地审视单位经营和管理活动。内部审计无论开展什么层面的活动，都要有一套体系流程，即使这套体系流程还不成熟，但一定要具备体系性。规范性不仅约束内部审计活动，还相应提升内部审计的专业性和权威性，同时也降低了审计风险。

5. 风险管理、控制和治理

内部审计的两大基石是风险管理和内部控制。无论是确认活动还是咨询活动，脱离了这两个基石，内部审计被其他经营管理活动所取代的可能性就变大。只有内部审计监督才能从更全面的角度来评价单位的风险管理和内部控制。内部审计的地位越高，在单位治理中发挥的作用就越大。

6. 帮助组织实现目标

与增加价值和改善运营相比，帮助组织实现目标更加具体地指出内部审计应发挥的作用。这里说的目标是指组织的长期目标和战略目标，这也和内部审计在单位治理中的重要作用相一致。从短期看，内部审计并不能促进经营业绩的提升，但是从长期看内部审计是为了组织更加健康、持续地成长。

通过对科研院所内部审计职能的梳理可以看出，内部审计（部门）工作在单位有着极其重要的作用：第一，制约作用。内部审计通过对单位各项经济活动进行真实、有效的核查，保证经济活动都能够在合法、效益的范围内进行，对违法、违规现象能够起到相应的制约作用。第二，防护作用。内部审计工作在执行监督职能中，为建立健全高效的内部控制制度提供有力保证，在国有资产安全完整、降低成本增加效益等方面起到了保证、保障、维护作用。第三，内部鉴定作用。开展任期内经济责任审计、领导干部离任审计等审计活动，能够更加直观地了解审计结果与单位的经济责任情况。第四，参谋、服务作用。通过对被审计单位经济活动的检查和评价，针对管理和控制中存在的问题，提出富有成效的意见和方案，为单位决策提供一定的依据和参考，对执行情况进行必要的修正，从而保证决策与管理的有效性，使单位各项经济管理活动都能够在良性的、持续的轨道上发展。

3.1.4 内部审计部门的权力和责任

根据我国《审计署关于内部审计工作的规定》及国际内部审计师协会《内部审计职业道德准则》，科研院所的内部审计部门应有权利开展以下审计业务（表3-1）。

表 3-1　内部审计部门开展审计业务列表

序号	审计业务
1	对本单位及所属单位贯彻落实党中央重大政策措施、重大决策部署情况进行审计
2	对本单位及所属单位发展规划、任期目标、重大决策措施及年度业务计划执行情况进行审计

续表

序号	审计业务
3	对本单位内部管理的领导人员履行经济责任情况进行审计
4	对本单位及所属单位科研经济业务真实性、合法性、合规性进行审计
5	对本单位及所属单位财政财务收支进行审计
6	对本单位及所属单位经济管理和绩效情况进行审计
7	对本单位及所属单位内部控制及风险管理情况进行审计
8	对本单位及所属单位经费预算执行、结题验收情况等进行审计
9	对本单位及所属单位固定资产投资项目进行审计
10	对本单位及所属单位经营性资产、投资公司进行审计
11	对本单位及所属单位的境外机构、境外资产和境外经济活动进行审计
12	协助本单位主要负责人督促落实审计发现问题的整改工作

内部审计机构和人员应有相应的查询权、检查权、报告权。此外，在单位内部各类经济活动中，内部审计机构和人员有相应的参与权、旁听权、知晓权、建议权（表 3-2）；部门、单位的负责人还可以在管理权限范围内，授予内部审计机构经济处理、处罚的权限。为保证内部审计机构职权的有效行使，内部审计机构应对其职权的行使情况，定期以专题报告的形式进行总结、评价，并向高层管理部门通报。

表 3-2　内部审计人员相关权限列表

序号	内部审计人员的查询权、检查权、报告权	内部审计人员的参与权、旁听权、知晓权、建议权
1	根据内部审计工作的需要，要求有关单位按时报送计划、预算、报表和有关文件、资料等	要求被审计单元按时报送发展规划、任期目标、战略决策、重大措施、工作总结、会议记录、会议纪要、内部控制、风险管理、财政财务收支、科研业务等有关资料（含相关电子数据）
2	审核凭证、账表、决算，检查资金和财产，检测财务会计软件，查阅有关文件和资料	参加被审计单元有关会议，召开与审计事项有关的会议
3	审核成本管理情况，检测成本管理软件	参与研究制定有关的规章制度，提出制定内部审计规章制度的建议
4	对审计涉及的有关事项进行调查，并调取有关文件、资料等证明材料	检查有关财政财务收支、经济活动、内部控制、风险管理的资料、文件并现场勘查实物

续表

序号	内部审计人员的查询权、检查权、报告权	内部审计人员的参与权、旁听权、知晓权、建议权
5	发现正在进行的严重违反财经法规、严重损失浪费的行为，经部门或者单位负责人同意，做出临时制止决定	就审计事项中的有关问题，向有关单位、部门和个人开展调查和询问，取得相关证明材料
6	对阻挠、妨碍审计工作及拒绝提供有关资料的，经单位领导人批准，可以采取必要的临时措施，并提出追究有关人员责任的建议	发现正在进行的严重违法违规、严重损失浪费行为及时向单位主要负责人报告，经同意做出临时制止决定
7	检查管理工作及经济效益的情况，提出改进管理、提高经济效益的建议	对于可能转移、隐匿、篡改、毁弃会计凭证、会计账簿、会计报表及与经济活动有关的资料，经批准，有权予以暂时封存
8		提出纠正、处理违法违规行为的意见和改进管理、提高绩效的建议
9		对严格遵守财经法规、绩效显著、贡献突出的被审计单位和个人，可以向单位提出表彰建议
10	检查财经法规的遵守情况，提出纠正、处理违反财经法规行为的意见	
11	对严重违反财经法规和造成严重损失浪费的直接责任人员，提出处理建议，并按有关规定，向上级内部审计机构或审计机关反映	

3.1.5 内部审计监督工作机制

科研院所的内部审计监督工作机制包括：制度规范机制、工作落实机制、评价激励机制。

1. 制度规范机制

制度规范机制主要包括是否有完善的工作规范，对内部审计工作的组织实施给予制度上的保障，如内部审计组织规范、内部审计工作规范、审计业务实施程序规范等。

1）组织规范

组织规范主要是指科研院所为完成内部审计工作而设立的组织领

导层级，包括决策方、管理方、执行方等。决策方职责主要是针对内部审计规划、审计任务、审计重点、审计发现问题、整改落实等重大事项进行决策，一般由科研院所管理层（如院长办公会、党委会等）担任。管理方职责是贯彻落实内部审计相关政策法规，策划内部审计活动，跟踪管理审计进展等，通常由科研院所承担内部审计业务的主管部门（如审计部门、综合部门等）或监督检查组织（如纪律检查委员会）担任。执行方则是具体实施内部审计工作的组织或个人，可以是组建的内部审计小组，也可以是专职的内部审计人员。组织规范就是明确决策方、管理方、执行方之间的分工与职责，以及各组织方的管理权限和运行模式。

2）工作规范

工作规范是一个单位内部审计部门组织开展审计活动应遵循的工作流程，如内部审计编制年度计划要求，组织年度内经济审计活动，制订内部审计方案，安排审计资源，组织落实整改等。其中也包括针对本单位在组织重大政策措施落实中存在的问题，经营管理中存在的突出问题和难点问题，审计发现的舞弊问题的研判、集体审议、决策等工作规范。

3）程序规范

程序规范就是内部审计小组或内部审计人员在开展业务审计过程中应遵循的业务规范。例如，明确审计目标、审计重点、审计方向；在实施审计前开展调查工作，包括经营活动情况；内部控制设计与运行情况；财务会计资料；重要合同、协议及会议记录；上次审计结论、建议及后续审计执行情况；上次外部审计意见等。在审计现场进驻前，拟定审计通知书，通知被审计部门提供资料，签订审计承诺书等。在审计实施中，要根据业务性质、业务特点等，做好询问、观察、检查、监盘、函证、分析、计算等工作，并对管理控制措施进行有效性测试。根据审计进展情况，及时汇总问题，总结规律，编制审计工作底稿与审计日志，明确审计发现的问题，记录原因和查证结果。这期间发现的重要问题要及时传达给管理方和决策方，听取他们的意见，以便采取相应的措施，纠正失误、减少损失。最后，根据审计记录情况，编制完整的审计报告。审计报告重点披露发现的情况，说明在什么方面出现问题，对发现的情况进行描述，提出改进建议和整改措施。

2. 工作落实机制

工作落实机制主要关注内部审计工作的组织实施情况，如年度工作计划和审计任务是否正常组织实施，是否有效完成；审计结论和审计建议能否有效落实；整改工作是否有效开展；内部审计结果是否有效运用，运用效果是否形成长效机制等。此外，还包括基础性保障措施是否能落地，如内部审计人员配置到位情况，队伍建设和人员培训措施等。

1）内部审计工作计划

科研院所每年度根据实际情况制订内部审计工作计划，明确本年度审计任务，实施步骤，落实责任，确保本年度审计工作有序推进。

2）审计任务的完成

根据审计工作计划，有针对性地开展经济业务审计、资产财务审计、内控管理审计等，并制订明确的审计实施方案、确定审计工作小组、按审计业务程序组织开展内部审计。每一项审计任务都有明确的审计意见，以形成审计报告并得到管理层、决策层的意见反馈。

3）审计整改的落实

根据审计报告的建议及管理层、决策层的意见反馈，由审计工作小组组织被审计单位实施整改。整改包括经济事项的修正、业务流程的补充、管理规范的完善等形式。审计整改落实的目标是经济业务整改到位、制度流程规范到位、人员责任界定到位。

4）审计结果的应用

根据审计结果和审计整改情况，要加强审计结果的应用。一是在审计单位进行审计通报，提示发现的问题，提醒纠正业务行为；二是能够在一定范围内，组织举一反三的业务核查，确保发现的问题不再重复出现；三是将问题整理成警示案例；在较大范围内开展警示教育，提升认识，建立良好科研生态；四是提醒业务管理部门加强重点环节的监督检查，提高重点领域的风险防范意识。

5）审计形成长效机制

建立完善的审计公告与通报制度，积极争取高级管理层和各个被审计单位的支持，必须加强审计结果公告与通报工作。立项必审，审计必究，结果必告，责任必究。建立纠错机制和制度，审计一个项目，完善一项制度，教育一批干部。审计政策建议能够得到适当管理层的肯定、采纳和应用，形成制度和政策，以达到防弊、兴利与增值的目的。审计成果运用的具体体现：组织内部高层管理者对审计意见和建议的批示；职能部门对审计建议的采纳；相关责任人的移送处理。

3. 评价激励机制

科研院所内部审计工作面对新形势新挑战，更需要高素质的人员参与其中。评价激励机制是针对内部审计人员、内部审计工作质量、内部审计效果等开展的评价、奖惩、鼓励、保障措施，如工作总结评估、业绩评价、人员评优等相关机制的建立，以更好地推进内部审计工作的开展。科研院所应坚持正向激励与反向容错并重，树立激励创新、主动作为、宽容失败的鲜明导向，鼓励有担当敢作为的专业人员脱颖而出，成为内部审计的标兵。首先，要加强内部审计人员的专业化教育和培训，通过研讨交流、业务互动、培训学习等多种形式，提升专业能力。其次，要形成科学有效的考核评价体系，细化内审人员的考核内容和考核指标，提升内审人员的积极性、主动性、创造性。最后，要尊重内部审计人员的劳动成果，扫除内部审计人员的工作障碍，支持内部审计人员披露问题，使内部审计人员有足够的底气高质量地完成审计工作。

3.2 针对小型基建类项目的内部审计监督策略和方法

3.2.1 小型基建类项目的内部审计目标

科研院所小型基建类项目的内部审计是以内部审计人员为实施主体的，以国家、科研院所现有法律法规、制度规范为依据，运用现场审核、跟踪记录、综合分析等技术方法，对小型基建类项目从立项到交付验收使用的全过程、某些阶段或某些环节在技术、经济、管理等方面的真实性、合法性、效益性进行监督、审查、分析评价和服务的过程，目的是确保小型基建类项目实施过程中各项经济活动的合法性、公允性、合理性和效益性，促进小型基建类项目实现质量、效益的目标。

3.2.2 小型基建类项目内部审计原则

1. 结合实际需求原则

结合科研院所建设管理实际，立足于最高管理者需求，将科研院所小型基建类项目中主要风险作为审计监督内容，在管理层授权下，采用适当的审计方式、组织有限的内部审计资源开展相关工作。

2. 突出成本效益原则

依据科研院所管理目标、成本控制、审计监督要求，内部审计应聚焦合同管理、资金使用、决策实施等关键环节和重点领域，以查缺补漏、防范风险为目的，充分发挥内部审计监督的实效。只有聚焦薄弱环节和风险领域，才能产生较好的审计效益。

3. 监督评价和咨询服务相结合原则

由于小型基建业务存在多样性、不确定性的特点，与传统科研业务相比，对业务的监督与管理存在一定的困难和挑战。组织开展针对小型基建类项目的内部审计，不但能充分实现监督评价职能，而且审计人员专业技能和经验优势也可为项目管理提供高水平咨询和服务，达到以监督促管理的良好效果。

3.2.3 以小型基建类项目为核心的内部审计主要内容

围绕小型基建类项目的管理，单位管理层面更多地关注组织结构、内控机制、监督规范、资金控制等是否健全和完善，以更好地实现项目的过程监管，促进项目目标的达成。因此，以小型基建类项目为核心的内部审计，主要围绕经济、管理两个方面展开，具体包括资产财务审计、管理审计、造价的审核与比对、效益评估四个方面。

1. 资产财务审计

在项目执行过程中的财务审计涵盖的具体内容包括以下几个方面。

1）资金来源与到位情况

审查用于小型基建类项目的资金是否符合法律法规要求；资金是否齐备，是否足额到位，是否独立核算；资金的转移、结算是否合规，是否有挂账等。

2）项目预算管理情况

审查项目预算依据是否充分，工程量清单测算是否合理，合同价款组成是否翔实，预算资金覆盖是否全面等。

3）工程价款结算与支付情况

审查小型基建类项目工程进度款支付是否与合同进度一致，有无超标工程，工程量计算是否准确，取费标准是否明确，计价依据是否充分，材料设备价格是否合理，费用支出、价格组合、取费标准是否合规等。

4）结余资金与债权债务情况

审查小型基建类项目货币资金、库存物资、往来账款的盈余情况，核实债权债务情况；审查资金的转移、挪用、挂账、清理等情况，材料设备、库存物资是否有损失浪费的情况等。

5）成本核算及资产形成情况

审查项目成本核算是否规范；设备成本、建设成本、安装成本、待摊成本等核算是否真实，范围和标准是否符合法律法规要求，成本计费依据是否充分；在成本核算基础上，项目标的物是否整体转为固定资产，审查转固手续办理的及时性、规范性；费用化项目中涉及的设备资产是否转固；等等。

2. 管理审计

在项目执行过程中的管理审计涵盖的具体内容包括以下几个方面。

1）项目决策与审批情况

小型基建类项目立项是否符合单位发展规划，立项程序是否符合要求，必要时是否履行集体决策，立项依据材料是否齐全完整，是否有审批记录等。

2）项目的组织管理情况

小型基建类项目是否执行负责人制，项目管理结构设置是否合理，人员是否到位，权责划分是否清晰等。

3）内控制度建设与执行情况

小型基建类项目实施是否执行重大事项集体决策机制，财务审批制度，物资采购与管理、工程变更、工程款结算管理等内控制度是否健全。

4）制度执行效果评估与管理改进

在小型基建类项目内控管理过程中，通过相关规范的落实与执行，对执行效果进行评估，发现薄弱环节和风险漏洞，提出改进建议。同时，审查沟通协调机制，是否有畅通的渠道及时反馈发现的问题，并加以纠正。

5）项目的目标实现跟踪与管理

小型基建类项目是否按批准的计划执行，有无增加或删改项，工程质量与物料标准是否符合要求，工程变更与质量检测手续是否齐全，工程进度监管业务是否规范等。

3. 造价的审核与比对

工程造价主要指以建安成本为主的直接成本价格，由建筑产品本身构成及生产技术经济特点决定。项目的工程造价和结算审核一般聘请第三方专业机构来完成，并且项目工程造价受管理、政策、不可抗力等多种因素影响，审核难度比较大。由于造价审计涉及很强的专业性，内部审计人员在条件许可范围内，应将主要工作重点放在由专业人员提交的造价报告、施工方的申请报告、单位财务部门统计数据之间的审核比对方面，查找其中的变化和差异，追寻原因，确保工程造价控制在合理范围内，具体工作包括以下几个方面。

1）审核小型基建类项目的预算组成

结合小型基建类项目的建设目标和建设内容，核定预算组成结构是否覆盖建设全面内容，预算投资是否能够达到建设目标要求，是否预留一定的风险保障金，预算单价和标准是否与政府指导的定额基价标准一致，预算清单、工程量清单与施工内容的匹配度是否一致，预算造价是否达到控制造价的要求等。

2）审核合同的价款组成

审核小型基建类项目合同价格组成结构，合同价款的组成范围是否涵盖所有建设内容，是否与预算控制价格相匹配，合同分项与单价的计价标准是否符合规范，合同清单是否完备，合同价款支付方式、结算审核方式、违约责任划分、违约金支付等内容是否合理。

3）审核工程款结算与预算、合同价款之间的差异和变化

重点核查小型基建类项目工程价款结算的真实性、合法性及工程造价控制的有效性：审核工程款结算资料的完整性、准确性；工程量清单与合同约定的符合性；材料与设备采购价格的合理性；合同价款与工程进度的匹配度、预算的符合度；结算价款支付审批手续的完备性等。

4）审核项目决算与预算、结算的差异和变化

小型基建类项目竣工决算审核的要点主要包括条件审查和质量控制两个方面。条件审查主要指工程验收竣工条件是否具备，工程质量验证是否完成，财务决算审查资料是否齐全完整，是否具备决算的条件等；质量控制包括复核工程结算的量、价、取费方式与预算、合同的差异，工程变更内容包含哪些，变更原因、变更的合理性和经济性等。

4. 效益评估

小型基建类项目建设完成后，内部审计人员可以根据项目完成的质量进行后评估及经验总结，吸取教训，提高认识。

1）建设目标完成度与投入资金匹配度的比对

审核小型基建类项目投资与目标的契合度，投资是否达到预期的目标，资金投入是否与目标实现相匹配，资金投入与目标完成之间的差异，并分析产生差异的原因。是在项目立项时预估不足，还是项目

执行过程中管控不到位，抑或是人员配备不足导致管理成本高企等，评估对后续结果的影响。

2）项目实施结果的有效性评估

审核小型基建类项目实施结果是否达到预期目标，其投资效益体现在哪些方面，是否达到科研条件改善的目的，是否对技术进步有明显的促进作用等。

3.2.4 小型基建类项目内部审计策略

内部审计策略是指单位内部审计人员基于单位的审计资源和条件，确定审计目标、审计方向、审计内容、审计重点等，以及为完成审计工作而调配的审计资源、人员安排、时间安排等具体审计策略。

（1）围绕管理层需求，明确审计工作定位。

内部审计机构作为单位的监督机构，其主要工作定位应该围绕本单位管理层的需求，服务于单位的整体发展战略。对于小型基建类项目的审计，也应围绕基建项目的立项目的、单位整体管理情况及管理风险，分析管理层对基建项目的关注重点，明确审计工作的定位。既不能把内部审计部门等同于基建的管理与实施部门，具体对小型基建类项目的内部管理、工程质量等负直接责任，也不能等同于外部审计，完全取代专业的中介机构，重点发挥鉴定作用。要站在内部监督的角度，在促进质量、速度、效益方面，独立发表意见，以满足管理层的管理需求。

（2）以防控风险促进内控为重点，合理确定审计工作目标。

在明确内部审计部门定位的基础上，应以进行小型基建类项目的风险防控为重点，将审计目标确定在合理的范围之内，而不能无限扩大审计工作的目标，或是只缩减至基建项目的财务情况审计。在对审计对象及内审专业技术力量进行评估的基础上，确定可实现的审计目标，该审计目标应紧扣小型基建类项目的立项目的、管理风险、管理层关切，突出实用性，同时避免审计风险的扩大化。

（3）以审计项目基础信息为依据，评估确定审计组织方式。

围绕审计目标，充分地进行审前调查，最大限度收集小型基建类项目信息，包括立项背景、程序、相关法律法规、设计、预算、相关会议纪要、组织管理方式、施工单位选取资料、资金审批流程、合同、洽商、材料采购资料、工程造价资料、项目验收材料、项目竣工结算报告、财务决算报告等。与管理方、施工方、监理方、验收方等进行交流，实地观察基建项目现场及周边环境。

对收集的上述资料进行分类整理，初步判断该工程的管理情况、风险情况、取得效果，在此基础上进行控制风险评价，确定审计重点，再与现有内部审计力量进行匹配，确定审计组织方式。是以内部审计人员为主，独立开展审计工作，还是委托专业的社会中介审计机构进行审计，或者是组成多部门参与的联合审计组，对基建项目开展审计评价。无论采取哪种方式组织开展审计工作，都要以达到审计目标、满足管理层需求、提高审计效率为标准，同时兼顾审计成本。

（4）以流程规范性为评价起点，逐步推进审计质量提高。

如前文所述，事业单位内部审计专业力量，尤其是针对小型基建类项目的审计需要一定时期的培育和积累，不是能够一蹴而就的。由于受到单位整体规模、组织架构等方面的影响，部分单位不具备专业内部审计人员条件。因此，对于小型基建类项目的内部审计，应以项目管理审计和财务审计为主要内容，以对流程规范性评价和监督为起点，在逐步熟悉实施流程及业务的基础上扩展审计范围，锻炼审计队伍，提高审计质量。在此过程中，逐步摸索出适合本单位特点的小型基建类项目的内部审计方式及方法，进而向工程造价的审核及比对、项目的效益评价审计推进。

3.2.5 小型基建类项目内部审计的切入点

小型基建类项目的内部审计应综合考虑项目建设规模、周期、建设方需求、审计要求、审计资源、审计成本等要素后，视具体情况选择介入时机。实施时，可以根据项目的进度从某个阶段或某个重要环节开始介入，采取重点跟踪手段，做好每个环节的审计记录，核查获取的第一手资料，寻找审计风险点和突破口，以确保建设项目的工期、质量和造价得到有效的控制。

（1）从合同、变更签证等某个重要环节入手，实施单项业务审计。

小型基建类项目签署的施工合同、采购合同等是审计的重要依据，合同约定的条款是最重要的核查线索。通过核查施工单位是否严格按照合同条款进行施工，合同质量指标是否有量化结果，合同款项支付条件是否清晰明确，合同的处罚条款是否具体、准确等，都可以检查出纰漏和端倪。因此，对合同的合法性、合理性、完整性及对合同履行情况的审查，是寻找审计突破口的重要方式之一。

另外，工程的变更和签证也是寻找审计突破口的重要环节。内部审计人员可以通过察看施工技术、施工工序、施工方法，了解工程进展、工程质量，验证各种技术变更签证。现场变更签证必须有甲方代表和施工单位等共同签章。变更项目要经原审批部门批准，变更的真实性要靠有效的现场变更签证和详细的图纸来确认，即要看签证的项目和内容是否清楚，签证的数量、规格、单位和日期是否准确。审计时要按照甲、乙双方提供的设计变更图纸和临时用工、改变用材、增减项目等记录表，与现场管理员一起到施工现场勘查。通过实地测量工程量，审核与设计变更内容不相符合的地方，很容易发现偏差和漏洞，这样也会为审计提供深入核查的机会和理由。

（2）以项目流程和管理需求为依据，实施专项管理审计。

小型基建类项目的监督应当以建设单位的管理需求为前提，结合项目周期和施工进度，适时开展事前、事中、事后的专项管理审计。小型基建类项目管理的高效性依赖于合理的组织架构、岗位设置及规范的执行流程。因此管理队伍构成、规范的执行流程是基建项目管理质量的关键因素，以此为主线，通过检查管理机构是否健全，分工是否明确，职责权限是否清晰，过程管理、采购管理、合同管理、资料管理等岗位覆盖是否全面，设计、施工、监理、跟踪审计、结算审核等内外责任关系是否顺畅，建设过程中的决策、管理、执行、监督是否落实等，突出对小型基建类项目内部控制管理有效性的核查和审计。

事前审计是指项目施工前的阶段，针对立项决策、方案设计、施工单位遴选、合同制定等内容的预先审核和检查。经验表明，事前的决策对工程造价的影响重大，因此，正确的决策才能有效地控制项目投资和工程造价。此外，方案设计是建设目标和决策意图的具体描绘，是确定和控制工程投资规模的关键。因此，适时开展事前审计和监督，对整个项目后期的顺利运行和规范化管理大有帮助。

事中审计是指项目在施工过程中开展的内部审计，这一阶段要重点抓好合同、材料、设备价格、工程进度款、工程变更和签证等几个关键环节的监督检查。合同是约定当事人经济行为的法律文件，合同能否依法履行直接关系到建设项目能否顺利进行，关系到建设工程质量、工期和投资效益等问题。在内部审计过程中，要时时刻刻以合同规定为准绳和依据。材料、设备价格、工程变更和签证都会影响工程造价和进度款的支付，所以是核查和关注的重点内容。

事后审计是指项目验收和工程结算阶段开展的内部审计，项目前期基础性工作的质量对事后审计的顺利开展影响重大。这一阶段要关注工程验收的程序、内容、核定工程量、材料价差的合理性，工程变更签证的完整性等问题。

因此，根据事业单位的管理需求，结合小型基建类项目的生命周期及风险防控要求，应加强对小型基建类项目的事前和事中审计，将审计关口前移，重点对项目的管理规范、执行过程、管理效果进行审计监督，将风险识别和预警监督贯穿项目实施的整个过程。

（3）以资金支付、成本控制为主线，实施专项财务审计。

除了通过寻找审计突破口和采取阶段性审计的方式外，还可以通过抓住资金支付和成本控制两条主线，对成本核算管理和财务管理两个重点领域开展专项审计监督，对专项重点领域的核查也可以达到控制工程造价的目的。

审计人员可以审核工程款的每一笔资金流为起点，核实资金来源、数量、时间与工程进度、合同、资料契合的匹配度、合理性等，明确结算的依据、程序，考核资金使用的真实性等，突出对财务管理、资金管理合规性、效益性的核查和审计。

同样，审计人员可以从项目内容变更、签证核查入手，严格审查变更签证内容的真实性、合理性和手续的合规性，防止承包人利用变更签证增加工程造价。对变更签证金额进行审核时应注意定额套用是否符合规定，计量是否准确，估价和工程取费是否严格遵循合同相关规定，优惠情况是否确已落实等，加强对成本控制的审计，从而进一步保障项目资金使用的科学性、成本控制的可靠性。

3.2.6 小型基建类项目内部审计实施要点

小型基建类项目内部审计是一个系统工程，需要在管理观念、组织协调、操作要领等方面加以配套、协调，共同完成。因此，在单位的有限资源下，合理选择审计项目、科学配置审计资源、详细策划实施方案、建立协调工作机制是审计组织的几个重要实施要点。

1. 合理选择审计项目

在开展小型基建类项目内部审计的初期，由于缺乏相应的审计经验和阅历，为了达到较好的审计效果，需要在众多的小型基建类项目中，选取合适的审计对象。选取的标准主要依据单位管理需求和项目实际情况，在预期的审计目标指导下，关注项目是否具有审计涉及的主体要素、隐患和风险，还需要考虑项目的复杂度、管理规范性、审计人员能力胜任等诸多因素。要有合理的审计项目和审计目标，才能取得良好的审计效果。

在现有单位的管理模式和业务模式下，围绕前移监督关口、提示风险、规范管理、促进发展的内部审计工作定位，审计项目的选取可以重点科研活动、专项科研业务、核心管理程序等为中心展开。审计重点围绕管理及财务两条线索，一方面监督检查管理制度是否健全有效，管理责任是否有效落实，风险防控措施是否执行到位；另一方面检查相关支出业务是否真实、合法，账务记录是否准确完整，资产核算是否规范及时，查缺补漏，确保资金使用规范，提升事业单位精细化管理水平。

2. 科学配置审计资源

以内审为主，内聘外联，提高审计质量。内聘是指以审计人员为主，根据工程类型不同，聘请各类（如土建、水、电、暖、消防等）经验丰富且相对稳定的特约审计员参与过程监督审计，防范过程风险，降低审计成本。外联是指以社会审计力量为主，采用单位内部审计小组与社会审计力量联合审计的方法。目前绝大多数事业单位没有配备专业的工程审计人员，工程结算审计通常采用委托第三方专业机构来完成。

由于事业单位之间的内审工作和基建工作具有较多的共性，在条件具备的情况下可考虑开展不同单位间的业务合作，组成工程审计合作组织，主要由各单位的内部审计人员组成，吸收各方面专业人员参加。由于工程审计合作组织具有服务的内向性和专业性的特点，可以有效地解决工程审计资源稀缺性与审计任务繁重性的矛盾；同时可建立不同单位间物资采购信息的互联，加强行业间的信息交流，实现审计资源共享，以有效地降低工程物资的审计成本，提高审计效率。

以审计目标为核心、以管理需求为导向，确立审计侧重点，将事业单位审计部门有限的人力、物力、技术资源进行合理分配，使其得到充分合理的利用，以保障审计资源供给，节约审计资源，提高审计资源利用效率，最终实现审计目标。

此外，在工程结算、竣工决算等专业审计过程中，可以借助第三方专业机构的力量辅助内部审计。工程结算审计制度是建设项目的重要管理监督制度。第三方专业机构具有一定的独立性和专业性，目前各单位又普遍缺乏专业工程审计人员，容易发生审计人员过分依赖第三方机构的情况，从而忽略对第三方机构审计质量及造价审计的复核。近些年的舞弊案例曝光表明，第三方机构因专业能力弱、责任心不强、过度追求利益及成本最低化等原因，与建设单位共同作弊的现象时有发生。因此，在审计中还要重点审查第三方机构是否保持实质的独立性，关注第三方机构与施工单位是否有经济利益关系，同时关注第三方机构出具的工程审核报告公示，每年对第三方机构的质量进行评比，通过监督管理使第三方机构真正发挥其提升审计工作质量的作用。

3. 详细策划实施方案

审计实施方案是工作的重要指引，包括选取审计项目、确定审计目标、明确审计范围、细化审计重点、组建审计队伍、制订审计计划、提前审计调查、预估审计风险、组织现场审核、讨论审计意见、形成审计建议、交换审计结论、组织审计整改、评估整改效果等步骤。

4. 建立协调工作机制

为了履行内部审计监督、评价和服务的职能，内部审计机构要摆正位置，要服务于监督之中，通过审计找出管理上的薄弱环节，提出改进工作的建议和措施，帮助组织健全规章制度，促进基建部门强化管理。审计部门不是施工管理部门，更不是质量监督机构。审计部门与基建部门有各自的工作侧重点和职责范围，相互不能替代。为理顺审计部门和基建管理部门的关系，体现基建审计综合监督的特征，审计部门要与基建部门加强沟通，但应与项目管理部门保持相对独立关系，不过多参与项目具体管理的有关活动。

小型基建类项目审计由于工作量大，涉及资料多，被审计单位在初次接受这一审计模式时会不习惯，甚至产生抵触情绪。因此，审计部门应当与被审计单位和管理部门进行沟通，化解审计与被审计之间的矛盾，使审计查出的问题得到顺利解决，营造良好的审计环境。

3.3 内部审计监督与项目管理之间的促进与反馈作用

内部审计对小型基建类项目管理的促进作用主要体现在内部审计部门可通过对小型基建类项目实施过程、结果及其影响进行调查研究和全面回顾，与项目立项决策时确定的目标及技术、经济相关指标进行对比，找出差别和变化，分析原因，总结经验，吸取教训，得到启示，提出对策建议，通过信息反馈改善投资管理和决策，达到提高投资效益的目的。

3.3.1 内部审计在小型基建类项目管理中发挥的主要作用

（1）内部审计更易于精准发现管理的漏洞和局限性。

小型基建类项目存在数量多、工期灵活、施工过程复杂等特点，其建设规模又不利于建设单位委托专业机构开展专项审计或进场审计，同时小型基建类项目的管理效率低下，高估冒算、损失浪费等现象频发，因此通过内部审计能够很好地解决项目特点和所处环境带来的困惑和难题。内部审计是一种更为深入的就地审计方式，根据单位管理需求，内部审计可以随时进驻，灵活掌握审计频次和审计力度，与外部审计相比，获取一手数据和资料也更为便捷，与多方的协调和沟通也更为灵活，较好地适应了小型基建类项目的特点要求。内部审计将小型基建类项目建设过程置于严密的审计监督之下，营造参建各方难以违规的业务环境，从而有效遏制各种问题的发生，开源节流、提高效益。

内部审计对小型基建类项目管理的促进表现在以下几个方面：①促进各项管理制度、法规、计划的正确实施。建设项目管理相关的制度法规是项目顺利实施的保证。内部审计可以回溯评估制度法规程序的实施结果，发现法规中与业务实际相偏离的部分，通过及时反馈督促修改和完善。所以，内部审计部门应当督促各部门严格执行相关的法规制度，积极为管理者提供决策信息，促进完善和规范相关的制度法规。②促进项目投资经济效益的提高。通过对小型基建类项目审计，及时发现项目管理中的薄弱环节和弊端，发现投资结果或投资布局方面的局限，提出改进建议和意见，促进项目投资效益的提升。③保证小型基建类项目相关信息的可靠性和准确性。④对小型基建业务管理部门具有制约作用。通过监督检查对业务管理部门中存在的问题给予纠正，从而保证项目质量、节约资金、合理施工进度，为建设单位提高项目投资效益。

（2）内部审计是管理与监督相互促进的最好方式。

在事业单位内部管理体系范围内，内部审计监督的出发点在于及时发现小型基建项目实施过程中的问题漏洞并进行风险预警，为项目管理者的疏忽或失误"兜底"。基于此，审计监督方与项目管理方应建立经常性的沟通协调机制，密切配合，在重点领域或关键环节通过现场勘查、交叉复核、综合评估等方式，共同"会诊"，在管理规范性、严谨性、完整性等方面不断审视、改进和提高，实现"融合"监督，相互促进。

内部审计立足于防微杜渐，把问题风险解决在萌芽状态。审计监督方独立于项目管理方和项目施工方，站在最高管理者的角度，督促、检查、规范管理方和施工方的各项经济业务活动，只要在单位内部形成"审计监督促进管理水平提升"的共识，必然会形成管理与监督相互促进的良好局面。

（3）内部审计是提升小型基建类项目管理效益的有效载体。

通常情况下，内部审计成果在经济业务和管理质量层面上，成为提升管理效益的有效载体。内部审计从小型基建项目收支的真实性合法性入手核查，对不合理的资金予以纠正，对不合规的资金予以追回，在经济业务层面上体现其效益性。内部审计督促从体制机制上不断完善小型基建类项目的管理制度，弥补风险漏洞，在管理质量层面上体现效益性。实践充分证明：内部审计在改进小型基建项目管理、节约建设资金、提高投资收益方面发挥重要作用，是提升小型基建类项目管理效益的有效载体，内部审计监督方式也获得更广泛的推广和认可。实践充分证明：内部审计是提升小型基建类项目管理效益的有效载体，有利于内部审计形式获得广泛的推广和认可。

3.3.2 内部审计通过对小型基建类项目的全面评价积累管理经验

除了履行审计监督职能外，内部审计可以通过对已经完成的小型基建类项目或正在建设的小型基建类项目的建设目标、执行过程、效益进行系统客观的分析，通过对建设活动业务的检查、建设目标是否合理有效、主要效益指标是否实现等方面的核查，总结经验教训，并通过及时有效的信息反馈，为未来项目的投资决策和管理提出改进意见，积累管理经验，共同提高认识。

对小型基建类项目的分析和评价主要集中在建设目标的符合性评价、实施过程的规范性评价、项目效益的经济性评价三个方面。

（1）对建设目标的符合性评价提升决策管理水平。

对建设目标的符合性评价是指衡量项目建设目标是否达到预期目标，是对小型基建类项目目标的实现程度的评估。通过对项目资金、人力、资源、时间、技术等投入和产出的比对，评测项目建成后的直接效果和作用，分析原先的项目目标是否正确，是否符合项目的性质，是否符合当时的环境条件等，从而评估分析当初项目立项决策的正确性、合理性和实践性。

因此，对建设项目目标的符合性评价可以提升管理者的视野和经验，有利于提升决策管理水平。

（2）对实施过程的规范性评价提升内控管理的效率。

对小型基建类项目实施过程的规范性评价是指在项目立项决策、方案设计、招标施工、验收交付等不同阶段，从经历程序、遵循规范、执行标准等各方面对管理工作进行评价，其目的是通过对项目实施过程实际情况的分析研究，全面总结项目管理经验，通过有效的信息反馈提升未来新项目的管理水平。

可见，对实施过程的规范性评价有助于后期项目内控制度的完善和管理，有助于提高内控管理效率。

（3）对项目效益的经济性评价提升资金管理的层次。

对小型基建类项目效益的经济性评价是指在当初投资预算的基础上，对其建设成本、耗费资源、投入使用率等数据进行比对分析后，评估项目的可行性和效益性的活动。对小型基建类项目经济性进行评价，可以获取有价值、可参考的经济评价指标，这些指标和实施经验有利于决策者在后期项目中提高认识，提升资金使用率和资源利用率，从而达到提升资金管理层次的效果。

综上所述，对小型基建类项目的评价能够客观、公正地评价建设活动的成绩及失误的主客观原因，比较公正客观地确定项目决策者、管理者和建设者的工作业绩和存在问题，从而进一步提高他们的责任心和工作水平。

第4章　以小型基建类项目为监管对象的综合业务内部审计实务指引

　　小型基建类项目作为事业单位的风险业务领域之一，是单位法人经济责任重要的组成部分，开展针对小型基建类项目的内部审计监督是强化该风险业务领域日常监督的重要举措，也是事业单位管理层着眼于风险防范，实现及时发现管理漏洞、健全财务管理制度、规范权力运用的主要抓手。

　　从事业单位整体管理目标看，对小型基建类项目的内部审计监督主要着眼于三个方面：一是管理规范成效；二是经济安全成效；三是项目目标成效。管理规范成效主要围绕管理工作机制运行是否合理高效、是否能有效促进小型基建业务的良性循环展开，评估其规范性和高效性。经济安全成效围绕小型基建类项目的经济业务，关注其资金使用的合法合规，着眼于资金的安全使用和资产的保值增值。项目目标成效则围绕小型基建类项目本身，关注该项业务实施过程中是否达到预定目标，是否产生经济效益和社会效益，关注项目的绩效目标评价。

本章依据编者多年的实践经验，围绕小型基建类项目内控管理审计、资产与财务管理审计、绩效审计，列示出审计目标、审计内容、审计步骤、审计方法等，与内部审计工作者共同探讨内部审计规范，提供实务参考和思路。

4.1 小型基建类项目的内控管理审计实务

4.1.1 审计目标

小型基建类项目的内控管理审计是指单位内部审计机构对小型基建类项目经济业务活动，以及针对此活动的内部控制体系的完整性、适当性、有效性进行审查和评价。审计的目的是促进单位层面上完善小型基建类项目的过程管理，落实管理与监督责任，提高项目资金使用的效益，促进科技创新发展目标的顺利实现。

4.1.2 审计内容

针对小型基建类项目的内控管理审计，主要从单位的组织环境、风险评估、控制活动、信息与沟通、内部监督五个方面入手。

1. 组织环境

在组织环境的检查方面，需要关注以下情况。
（1）事业单位管理目标情况。
（2）重大经济事项的议事决策机制。
（3）基建类业务的组织机构设置情况，以及其相关职能和分工情况。
（4）基建类业务关键岗位的设置、职责分工情况。
（5）小型基建类项目实施队伍人员的专业化情况。
（6）针对小型基建类业务的专项管理制度和管理规范，落实执行情况。

（7）评价和考核规范执行实施情况。

2. 风险评估

单位是否建立有风险管理目标，并在此目标下是否通过对主要经济业务活动的监控建立风险识别、风险评估和风险应对策略。

此外，重点关注是否建立针对小型基建类项目的风险控制措施，包括项目投资成本控制、资金支付控制、项目内容变更控制、结算审核控制等；是否关注虚增成本、虚报工程量、资金超付等风险控制情况。

3. 控制活动

针对单位的业务实际，适时开展围绕小型基建类项目中经济活动和管理活动的审查和评价。具体包括：小型基建类项目立项决策方面的控制审查；资金投入和成本测算方面的控制审查；计划管理全面性方面的控制审查；项目重大变更、重大资金支出方面的控制审查；项目关键节点监督方面的控制审查；项目验收环节的控制审查；项目结算方面的控制审查；等等。

4. 信息与沟通

关注单位内部小型基建类项目管理制度和管理规范的知悉程度；小型基建类项目日常进展信息报送、资金使用情况的信息共享、风险点位的动态监控等的工作机制；项目过程档案的归集、整理情况，以及资料档案的查询机制。此外，还包括关于小型基建类项目发现重大变更或重大问题的报送、决策、披露机制等。

5. 内部监督

关注单位内部针对小型基建类业务的内部监督运行情况，是否对其内部控制进行定期评价；关注小型基建类项目发现问题的整改落实、责任追究机制情况。

4.1.3　审计应获取的资料

审计应获得的资料如下：管理制度汇编，包括单位内部组织结构、基建管理职能部门及人员岗位的职责、工作手册；小型基建类项目管理规范及程序性文件，包括合同管理、招投标管理、变更签证管理及验收管理等；近一时间段小型基建类项目一览表；项目进展、资金支付等情况工作信息表；项目档案，包括项目立项决议纪要、合同、委托审批性文件、资金支付性审批文件、项目验收文件、项目结算文件等；小型基建类项目数据库系统；项目各类报表、账簿、凭证等会计资料；其他文件资料。

4.1.4　审计步骤

小型基建类项目内控管理审计步骤如下。

（1）根据被审计单位的基本情况，查询了解单位内部针对小型基建类项目实施的内控管理执行情况。

审计调查时，要关注被审计单位的经营规模及业务复杂程度，尤其是小型基建类项目所占的比重、单位管理层的重视程度、相关内部控制类型、内部控制记录方式、风险评估预防措施等。通过检查被审计单位内部控制生成的文件和记录，观察被审计单位在小型基建业务领域的业务活动及内部控制运行情况。

通过对以上内容的了解和初步性评价，可以判断被审计单位内部控制系统的健全性情况，对单位的内控布局是否合理、有无多余或不必要的控制、是否有可能存在失控环节等方面有初步的印象。

内控管理审计前期调查核实的主要内容如表 4-1 所示。

表 4-1　内控管理审计前期调查核实的主要内容

序号	主要内容	调查结果
一	被审计单位的内控制度	
1	资金预算管理制度	
2	基建项目（含小型基建类）招投标管理制度	
3	小型基建类项目过程管理规范	

续表

序号	主要内容	调查结果
4	计划管理规范	
5	质量管理规范	
6	造价控制管理规范	
7	档案资料管理规范	
	……	
二	被审计单位内控职责及岗位分工	
1	小型基建类业务是否有归口管理部门？	
2	针对小型基建类项目，是否明确管理部门、监督部门、财务部门之间的分工及权限范围？	
3	针对小型基建类项目，是否明确管理人员、业务人员、监督人员相应的职责和要求？	
4	是否有针对以上岗位人员的上岗培训、履职监督、考核评价机制？	
	……	
三	被审计单位的内控评价及监督管理	
1	小型基建类项目中资金支付、洽商变更、进度实施、验收结算等业务是否有明确可执行的控制措施？	
2	是否有相应的内控监督与评价机制及举措？	
3	是否有有效的监督过程及结果？	
4	是否有监督评价及风险识别审议反馈机制？是否有整改机制？	
	……	

（2）通过穿行测试发现存在的问题，判定是否存在内部控制风险。

通过对有代表性的业务事项或活动进行穿行测试，发现存在的问题和隐患，分析产生的原因，初步判断是否存在内控风险，这种风险是否能通过完善流程、细化管理程序等方式予以纠正。这个过程可以通过询问、观察、证据检查等方法，抽取一定的账表、凭证等书面证据，检查是否认真执行单位的各项管理制度，相关控制措施是否得到有效执行。

表 4-2 给出内控管理审计符合性测试的关注方向，通过对符合性测试执行情况的监督检查，进一步加深或印证被审计单位在内控管理方面存在的问题、缺项和风险，为后续风险评价及改进建议奠定

基础。

表 4-2 内控管理审计符合性测试要点

一	各类款项收支内控措施符合性测试相关要点	测试结果
1	小型基建类项目款项是否及时入账？	
2	款项支出程序是否合规？支付审批权限是否符合？	
3	是否有与项目无关的业务支出？	
4	款项支付是否在预算范围内？	
5	款项支付是否与合同内容及约定条款相符合？	
6	支付款项与发票内容是否相符？	
	……	
二	采购与资产管理内控措施符合性测试相关要点	
1	货品采购是否签订合同？有无审批程序及要求？	
2	货品与物料采购、审批、验收、领用消耗各岗位职责是否有效分离？	
3	货品与物料到货是否履行验收手续？验收控制措施是否有效？	
4	在货品物料使用过程中是否有出入库登记管理？	
5	货品与物料现场使用、分拣、堆放等管理是否到位？	
6	是否有定期盘点检查货品物料消耗情况？	
	……	
三	监督检查控制措施符合性测试相关要点	
1	是否针对小型基建类项目有定期的内部检查？	
2	是否形成检查报告？报告是否有审批意见或讨论纪要？	
3	针对检查发现的问题是否提出有针对性建议？	
4	检查发现的问题是否有效传达并整改？	
	……	

（3）评价控制风险，提出改进建议。

通过穿行测试，审计人员可发现在小型基建类项目各生命周期、各控制节点还存在哪些薄弱环节，哪些内控措施得到有效执行，哪些内控措施虽然建立但没有执行或执行不力，哪些措施是无效的。对这些内部控制问题进行汇总整理，分析问题产生的原因和可能带来的后果，确定这些内部控制缺陷的风险高低，提出有效的改进建议。

表 4-3 给出发现问题的风险分析记录表。风险评估应遵循谨慎性原则，宁可高估控制风险，不可低估控制风险。通过对内控措施实施有效性审查，对薄弱环节和缺项进行风险界定，审计人员依据以上数据，对被审计单位的内部控制实际运行情况和控制效果进行总体评价，给出评价结果。

表 4-3　内控管理审计问题风险分析

序号	常见管理风险	原因分析	建议改进措施
1	程序规范不具体，措施不明确		
2	岗位职责不清晰		
3	履职监督不到位		
4	沟通机制不畅通，信息传递不及时		
	……		

序号	常见业务风险	原因分析	建议改进措施
1	合同过程控制风险		
2	收支业务控制风险		
3	结算控制风险		
4	资产管理使用风险		
	……		

（4）形成审计报告，及时向管理层或决策层反馈。

将审计问题发现、原因分析、风险定性、改进建议等内容整理形成审计报告，正式呈现给管理层和决策层，供其参考和使用。

4.1.5　审计方法

1. 审阅法

审阅法是审计人员常用的审计方法，通过对现有的数据、文字、记录等进行复核、比对，查找其中的异常之处，核实相关信息的真实性，判断其是否符合相关法规制度，取得审计证据。

2. 询问法

询问法也称为访谈法，是内部审计人员与被审计单元或有关人员进行面对面交谈，以了解项目立项手续办理、立项管理执行过程等情况，从而获得审计证据的一种方式。通过询问法获得审计证据，一般要求两位审计人员在场。

3. 核对法

内部审计人员通过对项目中同一业务事项，在立项、进场、施工、完工等不同时期的记录进行比对核实，确定信息是否真实、合法，获取审计证据。

4. 对比分析法

通过认真对设计文件进行查看，依据可行性研究报告、设计任务书、技术规范等对经济指标、质量指标、功能指标进行对比分析，确定项目前后实施过程中同类指标存在哪些差异，反映哪些问题，从而获得审计证据。

5. 调查法

调查法就是审计人员采取问卷调查、访谈、实地勘查等形式，收集被审计项目进展及运行情况，综合分析得出相关管控措施是否有效执行，是否与管理目标之间存在偏差，是否与实际事实和发现问题一致。

6. 流程测试法

可以对业务流程实施符合性测试，查询每一步的执行情况是否与管理要求吻合，并予以翔实记录，获取业务流程跟踪检查证据。

7. 现场检查法

审计人员可以通过对施工现场的勘查，核对施工进度记录是否准确，资金支付进度是否与施工进度相匹配，现场的设备或物品是否与采购合同记录一致等，对资产、资金、工程量的真实性准确性进行核实。

4.1.6 审计报告

审计报告应客观公正、内容完整、条理清楚、用词恰当、格式规范，一般仅对所审计的事项进行描述和评价，审计过程中未涉及和超越审计职责范围的事项不纳入审计报告。审计报告应对小型基建类项目管理控制的设计和运行有效性做出评价，对审计发现的内部控制缺陷提出改进措施，并督促相关部门及时整改落实。

4.2 小型基建类项目资产与财务管理审计实务

4.2.1 审计目标

小型基建类项目资产与财务管理审计是指单位内部审计机构依据国家法律、法规和政策规定，对小型基建类项目经济活动中财务收支状况，各类资产的形成、使用、处置情况及成本控制情况等进行检查和评价，确保项目各项业务活动和管理行为真实、合法、有效的监督行为。审计的目的是确保资金使用的真实性和合规性，促进所在单位完善小型基建类项目的过程管理，落实管理与监督责任，提高项目资金使用的效益。

4.2.2 审计内容

小型基建类项目资产与财务管理审计包括以下几个方面。

1. 项目资金来源及启动前的成本测算

审核项目资金是否为基建项目专用资金，是否在项目的预算范围内；资金是否能及时到位，是否存在延误风险影响项目执行。项目启动前成本估算的原则及测算依据，测算任务项是否全面，是否覆盖项目需求；测算工程量的估算考量，人力成本及费率的计取原则等。成本测算应充分考虑项目资金的使用计划、资金的分配依据、资金的支付规则等。

2. 财务收支管理

审核财务收支管理是否规范，收支审批程序是否明确，审批职责是否明确，执行是否有效；各类款项支付依据是否充分完整，依据是否真实。

审核预付款管理是否有风险控制措施；往来款项是否真实、合理；各项税费是否足额计提并缴纳；代理代购等服务类合同款项是否按合同约定支付。

3. 项目成本控制情况

审核工程进度记录是否准确，进度款支付核算是否准确，有无偷工减料、虚报冒领、高估冒算、计算错误等问题；设备、材料等物资是否按设计要求进行采购，其价格运输采购保管等费用核算是否准确，材料成本差异分摊是否合理，有无盲目采购、抬高设备价格、加大材料采购成本等问题。

审核项目实施过程中是否存在增项或减项，变更项的内容是否符合规定，变更手续是否齐全；变更项成本核算是否经过审核批准，成本控制是否在预算范围内，有无擅自改变项目建设内容、扩大项目规模、提高成本标准等情况。

4. 项目验收交付财产情况

审核项目验收手续是否齐全、合规；项目验收时工程款项结算明细是否翔实、准确、规范、完整；有无虚列往来款项或无法回收支付的款项，有无转移、隐匿、挪用资金的行为。

审核交付资产（设备、库存材料、器具、家具等）是否清晰，核算是否正确，有无超储积压或资产流失状况；实物与账务是否符合，是否存在账实不符的情况。

审核项目结算反映的数据与项目完成情况是否相符，数据是否真实准确，有无失实情况；项目整个投资成本是否在预算范围内，有无超支情况，有无挤占成本、抬高造价情况等。

4.2.3　审计应获取的资料

资产与财务管理审计应获得的资料如下所示。
（1）小型基建类项目立项论证材料、决策审批材料。
（2）项目人员分工与岗位职责、财务管理规定、项目管理规定、各类程序性文件。
（3）项目施工方遴选材料、各类评审意见、项目预算概算明细表、测算图纸等。
（4）项目委托施工合同、项目设备材料采购合同、委托代理等服务类合同。
（5）项目支出明细账、备查账、资产明细账、往来明细账、银行支出对账单。
（6）项目变更签证审批材料、变更事项成本核算材料。
（7）各类会议纪要、协商签字材料。
（8）项目验收材料、档案材料、结算文件、结算价审核报告等。
（9）其他文件资料。

4.2.4　审计步骤

小型基建类项目在审计实施阶段，应利用各种审计方法，收集证据材料，实施内部审计工作，核心的审计步骤如下。
（1）梳理小型基建类项目财务收支数据、各类实物资产数据，探寻发现数据间的序时关系、逻辑关系、嵌套关系等，从数据中发现问题、识别风险。

审计人员应详尽列出被审计项目的财务数据和资产数据，从这些数据中梳理项目的运行管理情况，明确审计方向和审计重点。表 4-4 列示了应梳理关注的各类数据范围和内容。

表 4-4　项目资金、资产数据审计方向列表

内容	审计方向	结果记录
项目资金数据审计	资金拨款到位数据：项目资金到位时间、数额、性质（国拨资金、自有资金）、账务记录、依据……	
	项目借款数据：项目是否有借款？列示借款合同、借款数额、借款条件、借款期限、借款利率及借款……	
	项目预付款数据：梳理预付款明细，如预付款协议、预付款拨付时间、金额、账务记录……	
	项目应付款数据：梳理应付款明细，如应付款名称、时间、金额、账务记录、核算依据……	
	项目合同款数据：项目施工合同、服务合同、采购合同明细，合同款项支付时间、金额、账务记录、凭据……	
	项目工程款支付数据：工程款支付进度表、支付依据、支付时间、支付金额、账务记录、凭据……	
实物资产数据审计	项目设备资产数据采购列表：项目中的安装设备、非安装设备、工具、器具等，各类设备的名称、型号、规格、购置依据……	
	项目物料数据采购列表：物料名称、内容、数量、标准、来源、依据、入库登记数据……	
	设备物料的出入库使用数据列表：设备或物料的入库数据（含品名、数量、存放地点等）、设备物料的使用数据（含领用时间、领用数量、领用目的、领用人等）、设备或物料的库存信息数据……	

（2）依据资产和财务数据，从财务管理、资产使用、成本核算三个方面开展实质性审计调查工作，识别风险。

以数据为基础，判断性地抽取关键环节进行深入检查，发现审计疑点，对存在疑问或异常的业务进行详查，判断相关业务中存在的薄弱环节，通过约谈、查证记录等方式获取证据。表 4-5 列示了资产与财务管理审计方向。

表 4-5　资产与财务管理审计方向

内容	审计方向	结果记录
财务管理审计	项目资金的筹措与规划：资金筹措方式、筹措数额的合理性、筹措程序规范性及论证充分性……	
	项目资金支付管理：核算科目与项目实际业务的符合度、科目支出依据的完整性、支付审批的完备性与合规性……	
采购与资产管理审计	货品及物料采购计划：设备、耗材及物料采购是否符合预算；采购地点、程序是否符合要求；采购决策审批手续是否完备；有无针对采购方可能违约的风险控制措施……	

续表

内容	审计方向	结果记录
采购与资产管理审计	货品及物料采购合同管理：采购供货方是否经过择优择廉程序；采购价格是否经过多方比较论证；采购合同条款中关键项的约定是否符合项目要求……	
	货品及物料采购验收及入库管理：是否有货品及物料验收规范；验收程序是否明确；货品验收时是否与合同约定的数量、型号、规格等指标一致；验收记录是否完整；入库数据记录是否翔实，有无少收、错收、漏收的情况……	
	货品的使用及维护管理：货品及物料存放保管是否规范；领用使用记录是否翔实……	
成本核算及控制审计	账务核算及成本控制：设备、材料、安装、在建等各科目核算是否真实；是否在预算范围内；核算数额是否准确；税负及摊销标准是否规范……	
	项目结算或决算内容是否完整；结算或决算是否及时；资产归类是否准确翔实……	

（3）核实审计发现，形成审计结论。

汇总审计发现的问题，分析产生的原因，根据单位管理实际给出审计意见和建议，形成审计结论。

（4）编制审计报告，提出改进建议。

就审计结论与被审计人员、财务人员、管理人员、专业人员等进行充分的交流讨论，达成一致意见后，编制形成审计报告。报告应针对披露的问题，提出整改意见或改进建议，实现审计监督促管理提升的目标任务。

4.2.5 审计方法

1. 通过查阅、比对、统计、分析等综合方法，取得审计证据

综合运用查阅、比对等常规审计方法，结合对数据的统计分析等，核实资料信息的真实性、准确性。

2. 询问法

通过问询参与项目建设的项目管理方、施工方、供货方等知情人

员，了解工程实际情况，同时对一些单价或数量较大的材料价格、设备进行市场调研、询价，及时掌握重大审计事项的真实性和合理性，规避审计风险。

3. 核对法

内部审计人员可以在采购预算环节、合同签订环节、验收入库环节、领用使用环节中，通过核对同一货品的型号、数量、单价等信息，发现异常之处，获取审计证据。

4. 对比分析法

在审计过程中，审计人员可以利用工程资料之间的依存关系和逻辑关系进行审计取证，通过定期将前期、后期相关技术、经济资料进行归纳对比，或者将工程资料中的相关数据和内容、计划值和实际值进行互相对照，进行有无、增减验证，发现偏差及时纠正，分析原因并采取有效措施以保证建设资金的正确使用。

5. 看图法

通过将工程量与设计图纸对比，各项取费与规定标准对比，材料、人工费与预算价、市场价对比，发现预算中存在的问题和偏差。

6. 查询核实法

对预算中的关键设备设施、难以核算的较大投资进行多方查询，逐项落实。

7. 全面审查法

对预算中的每一分项工程量计算、取费标准等进行逐项审查。

8. 现场盘点法

审计人员可以通过现场盘点，对项目购置的设备、货品、备料等入库使用情况进行核实。通过深入现场、实地观察、参加项目建设有关会议的方式获取项目建设真实信息，掌握第一手资料；及时了解项目建设的各个关键环节，掌握工程变更、工程施工验收、零星施工等真实情况，获取事后审计书面资料未能涵盖的审计证据；认真积累和保管与工程造价相关的工程技术文件和签证等各种资料，做到日清月结并有记录，突破事后审计带来的局限性、约束性及审计风险性。

9. 其他方法

能够获取审计证据的其他有效方法。

4.2.6　审计报告

资产与财务管理审计报告除了披露项目背景、项目执行情况、发现的问题等内容外，还应当详细列示财务收支明细统计、资产形成明细数据、成本测算统计、分析对比数据等测算依据，细致全面地展示审计证据，披露可能出现的舞弊问题，有针对性地提出整改建议。

4.3　小型基建类项目绩效审计实务

4.3.1　审计目标

在通常情况下，小型基建类项目均能在有限的成本预算内达到预定的建设目标，但某些特殊情况下，也会出现超预算、超工期、任务部分未完成等情况。因此，作为小型基建类项目的管理部门，为了进一步提升资金使用效益，应针对小型基建类项目的工期、成本、质量等直接收益情况进行评估，考察在项目过程管理、目标管理、质量管理等方面存在的差距及提升空间，以达到项目目标的最优化。审计监督部门则针对以上工作进行复核评估，进一步深入分析产生差距的原因，在节约成本、保证工期与质量等方面提出改进措施，积累更多的经验，确保此类项目在实施过程中朝目标优化的方向更近一步。这就是小型基建类项目绩效审计的主要目的。

4.3.2 审计内容

小型基建类项目绩效审计的主要内容包括以下几个方面。

(1) 项目决策审批效率对项目目标实现的影响。

小型基建类项目立项决策期间的问题定性、成本测算、风险预估等工作需要内部审计人员去了解、讨论、分析和判断，决策期间的准备工作越细致，越能保证小型基建类项目在实施中能实现成本控制范围内按期完成建设任务的目标。决策期间效率低下、准备工作不细致、决策程序不规范、决策目标不合理等，势必会存在对潜在的问题与风险预估不足的隐患，导致后续实施中影响项目的工期、成本、质量等，甚至造成严重的后果。因此，决策审批效率的高低对项目绩效目标的实现是绩效审计复核的主要关注点之一。

(2) 方案设计的完整性对项目目标实现的影响。

小型基建类项目由于涉及范围广且呈现多样化的特点，因此，在项目实施前期做好技术方案和管理方案，对保障小型基建类项目的顺利实施至关重要。技术方案要与项目任务目标相匹配，确保达到任务目标要求的实施内容完整，没有缺项和漏项。此外，确保技术方案各测算项数据可靠，依据充分，对于不能确定实施状态的暂估项，也有必要的风险应对措施；技术方案一般由施工单位提出，因此，管理方应充分与施工方沟通，确保技术方案达到任务目标符合性、理解一致性、实施可行性的管理要求。管理方案涉及的人员保障、设备保障、作业区保障、资金保障等各项内容均已安排并达到实施条件，前期的协调和准备工作也应落实到位。方案论证的完整性对推动小型基建类项目顺利实施至关重要，是绩效审计关注的核心要点之一。

(3) 资金支付控制质量对项目目标实现的影响。

小型基建类项目中的资金支付控制是保证项目实施高质量管控的主要措施，可通过资金支付控制，随时关注项目的实施进度，审核项目的成本支出和测算情况，监控项目的质量。因此，资金支付的有效性审核质量直接影响项目工期、成本、质量，是项目绩效审计最重要的切入点和审核评价因素。

（4）过程监督管理对项目目标实现的影响。

小型基建类项目在实施过程中，由于与施工方的权利义务划分不清晰，关键环节和过程监管不到位，在施工中出现的突发问题不能得到有效解决，实施中的风险预防措施不到位，导致工期延误、成本测算出现偏差，影响项目的质量、进度和成本控制。因此，过程监管是小型基建类项目实施内部控制的重要措施，是保证项目顺利实施的核心管理工作。在项目绩效审计过程中，该因素也成为重点关注并评估的事项之一。

（5）验收的严谨性对项目目标实现的影响。

小型基建类项目的验收管理是项目实施综合评估的基础性工作，是最终裁定项目是否按期完成、项目质量是否达标、资金使用效益是否规范等的重要活动。因此，验收管理环节也是绩效审计关注的重点内容，验收程序的规范性、验收内容的完整性、验收结论的严谨性等会有效反馈到项目工期、成本、质量等方面，是对项目建设内容与应实现的目标之间对照检查，分析是否达到应用效果，是否实现经济、社会、环境效益的最重要审核点。

4.3.3 审计应获取的资料

小型基建类项目的绩效审计应获取的资料如下。

（1）小型基建类项目合同书、实施论证材料、决策审批材料等。

（2）绩效审计目标和审计实施方案。

（3）绩效审计评价指标体系，各项指标的具体内容及测算方法。

（4）小型基建类项目实施过程材料，包括管理资料、施工建设资料、财务支付资料、档案资料、结算资料等。

（5）各类数据，包括资金投资成本、工期、质量成本、安全效益等。

（6）项目验收评价资料和评价意见。

（7）项目完成后的运行情况资料，包括经济影响、环境影响、社会影响等。

（8）其他文件资料。

4.3.4 审计步骤

绩效审计实施步骤见图 4-1。

明确绩效审计目标和范围 → 制订绩效审计方案 → 制定绩效审计风险评估策略及应对措施 → 开展实质性审计工作 → 形成审计报告

图 4-1 绩效审计实施步骤

1. 明确绩效审计目标和范围

由于小型基建类项目涉及的内容繁杂，业务体量、业务规模、进展时段、检查要求等各有不同，首先应当根据单位决策层或管理层的要求明确绩效审计的目的，并选取合适的小型基建类项目类型，确定绩效审计的目标和范围。

2. 制订绩效审计方案

为了顺利推进绩效审计工作，制订科学合理周密详细的审计方案是十分重要的。审计方案要求了解被审计项目类型的特点、运行情况和实施效果，结合审计目标和范围确定审计队伍、审计日程、审计资源配置等，并详细制定审计评价指标体系。

3. 制定绩效审计风险评估策略及应对措施

在进行绩效审计时，可能会遇到人员专业性不足、与被审计部门关系紧张、审计资料不足等困难和风险，影响审计工作的开展，因此，应针对这些可能出现的风险因素建立一套明确的应对策略，并根据现有资源情况做出合理安排。

4. 开展实质性审计工作

根据审计方案，组织开展实质性的绩效审计（绩效审计主要方向见表 4-6）。绩效审计主要围绕以下四方面展开：一是通过多方面收集审计证据，包括财务信息、管理信息、资料信息、询问信息等证据，以及可靠的文字载体、录音载体、实物载体等证据，支撑绩效审计立项的科学性、有效性；二是通过对获得的审计证据间的相关性、可靠性、充分性、合理性进行研判分析，厘清审计脉络，支撑绩效审计方案的完备性、可行性；三是通过对关键性流程的穿行测试或实证验证，支撑绩效审计过程衔接的完整性、高效性；四是根据分析结果和审计证据的相互印证，给出审计结论，明确审计意见，保证绩效审计结论的严谨性、规范性。在以上工作过程中，要与财务人员就问题和事实展开建设性的讨论和沟通，与管理人员就运行中的主客观影响因素进行意见交流，同时我们的审计观点和结论还需要获得主管领导、业内专家的客观意见，使审计结论更具有全面性和可靠性。

表 4-6 绩效审计主要方向

内容	主要方向	评价结果
项目立项决策的效果效益审计	项目目标设置是否合理？	
	是否进行多方案比较并择优选定？	
	目标是否可实现？	
	效益指标是否明确？	
	是否制定明确的风险控制措施？	
	决策程序是否高效？	
	决策内容和决策方法是否科学规范？	
	……	
实施方案的效果效益审计	实施方案是否参考过专业方意见？	
	实施方案形成前是否经过充分调研？	
	方案细节是否经过充分讨论和分析？	
	方案涉及的功能指标、经济指标、效益指标是否高效且合理可控？	
	方案实施中的遴选程序、采购合同、验收等程序是否有效规划？	
	方案实施中的资金支持、组织管理、风险防范措施等是否充分？	
	……	
项目实施过程管理效益审计	货品物料采购过程的经济合理性评价	
	各类合同协议执行履约有效性评价	
	项目进度、工期、质量、安全等管理效率评价	
	资金使用效益对比分析评价	
	……	
项目验收及运行管理效益审计	项目验收质量评价	
	项目完成的技术性成果评价	
	项目完工后成本产出对比评价	
	项目运行收益评价	
	……	

5. 形成审计报告

绩效审计报告是审计成果最重要的表现形式，审计人员在收集和分析审计证据的基础上得出可靠的审计结论，因此，审计报告应包括项目背景、审计实施情况、审计评价、审计建议等。绩效审计报告要突出审计内容的综合分析，揭示存在的问题，着力从体制、机制方面深入挖掘问题原因，提出整改措施。

4.3.5 审计方法

1. 数量分析法

审计人员可以通过对项目运行实施过程中的经济数据、功能数据等进行计算分析，并运用抽样技术对抽样结果进行评价，以可靠的评价结论作为审计证据的方法。

2. 走访调查法

内部审计人员可以通过选取一定数量的合适的调查对象，通过谈话了解、实地盘查、现场盘点等方式，获得项目完工后的真实使用状态，获得体验式的经济效果，从而夯实审计证据，提升审计质量。

3. 因果分析法

审计人员可以从某一事项或业务的起因核查，循序渐进，最终查出所对应的结果。这种方法审计时间长，技术难度较大，但审计证据翔实，结论可靠。

4. 统计分析法

通过获取的某类数据，找出自变量和因变量之间的关系，尤其是评价经济性、效果性、效率性指标时，用统计分析的方法分析各因素的影响，可确定其中的因果关系或找出存在的差距及原因。

5. 专家讨论会

通过召集相关管理人员、财务人员、结算审计人员等，就小型基建类项目运行管理活动或者具体业务问题进行集体协商研讨，获得统一意见或建议的一种分析方法。

6. 目标成果法

根据实际产出成果（建设的成果）评价小型基建类项目目标是否实现，将产出成果与预期目标和需求进行比对，确定目标实现程度的方法。

7. 公众评价法

审计人员通过公众问卷或抽样调查等方式，获取具有重要参考价值的证据信息评价目标实现程度的方法。

4.3.6 审计报告

小型基建类项目的绩效审计报告应具有高度的综合性、时效性和建设性。审计报告要反馈项目实施过程中决策、资金支付、过程监管、验收等重点环节对项目工期、成本、质量等因素的影响，分析其中的原因；更重要的是，通过与项目前期可行性目标相比较，从经济指标、技术指标、工艺指标是否满足等多角度论述目标实现的情况，找出差距所在。同时，还要关注行业指标、社会效益指标、环境效益指标等，综合评估项目的绩效完成情况，以便管理层或决策层能及时掌握项目的效益情况。绩效审计报告要提出建设性的意见或建议，要根据项目的特点、项目时效、项目运行管理情况，给出综合分析结果，揭示问题产生的原因，为决策层提供有效的启示和参考。

第 5 章　以关键节点为对象的单项业务内部审计实务指引

在小型基建类项目管理过程中，存在多个关键环节和重要节点，围绕这些重要节点的资金支出、控制措施、管理活动等的监督与审计，是事业单位监督管理部门的核心业务工作之一。此外，在单位的管理活动中还会出现大量的、无法独立成为项目的零散基建业务，这些零星业务表现出不可预见、作业单一、耗时短暂等特点，因此，这些零星业务除了突出的以"量、费、价"组成的成本支出外，没有预期决策、过程管理、工期约束等其他特征，存在资金使用与管理风险的概率较大，这也成为单位内部监督部门监管的重点业务之一。

针对这样的单项业务或零星业务，监督管理部门需要围绕业务点本身潜在风险开展单点审计，而不能参照项目全生命周期进行财务、管理方面的全面审计。因此，本章以关键环节、重要节点或零星业务为对象，结合实践经验，为各单项业务审计实务提供指引。

5.1 立项决策审计实务

5.1.1 审计场景

小型基建类项目的立项过程是单位管理层对项目的实现目标进行预期规划和实施管理的起点，是实现规范管理和有效监督的前提与基础。立项决策主要针对小型基建类项目的实施任务建立一种具象化的目标，给出可实现的路径指引，并测算为完成该目标任务拟投入的资金成本、管理成本、设施成本等。

立项决策审计的目标是内部审计部门对小型基建类项目的立项目标设置的科学性、合理性，立项决策程序的规范性，立项依据的真实性、完整性、合规性进行审查、监督和评价，以促进项目的科学决策、规范管理和有效监督。

5.1.2 审计主要关注点

立项决策审计主要内容见表 5-1。

表 5-1 立项决策审计主要内容

项目	立项决策审计
审计对象	小型基建类项目立项决策管理活动
审计目标	通过核查立项决策的充分性论证、完整性记录，评估立项目标设置的科学合理性，检查立项程序是否符合国家法律法规和建设单位规章制度，保证立项依据的真实性、可靠性、完整性、科学性，促进立项管理的有序运行，促进项目的科学决策、规范管理和有效监督
审计应获取资料	立项相关内控管理制度 立项目标或建设任务，技术指标要求 立项依据材料，包括项目涉及的数据、报告、图表、专家意见、评审结论、需求规格说明、建设目标论证、资金概算等 立项申请及核准资料，包括立项审批表、审核意见、批准项目编号等

续表

项目	立项决策审计
审计内容	立项依据论证审计：立项依据是否充分完整、资料是否齐全，立项是否需要经过专家论证，项目资金测算是否合理，是否满足建设目标要求，匹配资金是否落实，项目投资是否有适当的风险防控预估措施等 立项决策程序审计：是否通过集体决策，是否按规定的程序进行审批，审批手续是否合法、合规等 立项目标审计：任务目标是否覆盖项目所有需求，投入成本上限是否合理

5.1.3 注意事项

（1）在对立项决策过程进行审计时，要关注被审计单位整体的管理文化和管理质量，尤其关注决策层是否熟悉本单位小型基建类项目或业务情况，是否定期听取管理层的汇报。如果小型基建类项目或业务未纳入被审计单位重点风险防控范围，决策层对该项业务不重视，那么项目立项决策程序形同虚设，质量很难得到保证。

（2）与项目方或管理方充分沟通，了解项目的立项背景、立项经过、立项形式，以及项目建设的目的和初衷；了解立项时存在哪些需要克服的困难，并做了哪些准备性工作，最终立项目标和建设内容有哪些。

（3）关注小型基建类项目立项核准意见的形式，有的单位以预算审批形式立项，有的单位有独立的立项审批表，有的单位则以合同审批形式立项，还可能以会议纪要、内部签批件等形式立项。无论哪种方式，都要审查核准意见的内容、签署人、核准结论，从核准审批意见中体现出项目方、管理方、决策方之间的层级关系及职责范围，进而追溯分工是否明确、管理职责是否落实到位。

（4）关注项目核准审批意见的依据材料是否完整，是否明确勘查过项目施工地点水、电、气等基础条件，是否确保施工作业区独立无干扰，是否有备工备料欠缺隐患，施工进场条件是否具备等；以上依据材料证据须清晰、真实，并经过项目方、管理方的签字确认。此外，项目立项申请材料中，是否对项目实施要投入的"事、财、人"

等要素进行预估，并有明确的风险应对措施，这些预估要素和防控措施是否获得决策层的认可也须核查。

（5）关注项目施工任务和施工目标是否明确列示在核准意见上。例如，会议室的装修改造项目，应明确装修面积、实现的主要功能、装修标准及投入概算额等；屋面防水抢修项目，应明确抢修地点、面积、防水材料技术标准等；自行车棚搭建，应明确搭建地点、占地规模、质量标准、投入概算额等。核准的目标任务是项目的基本输入条件，是后期全部业务活动实施的依据。

（6）关注核准意见的产生程序。核准意见是否经过充分讨论，各项目方、管理方和其他相关方是否都了解情况，是否按照法规和制度要求及先后顺序依次完成了所有的审批环节。

（7）关注立项决策过程记录材料是否真实、细致、完整、准确。例如，项目核准意见签字顺序正确完整，会议纪要内容记录翔实并有负责人签字，立项依据需用的照片、图纸、数据等均有完整保存。

5.2　施工方遴选审计实务

5.2.1　审计场景

遴选施工方（含招投标）是小型基建类项目过程中非常重要的环节，能否遴选到合适的施工方直接影响项目能否顺利实施，从而进一步影响工程造价和成本控制。施工方遴选（含招投标）审计是指以项目立项核准意见为依据，综合考量国家法律法规、项目承担单位内部控制制度、项目施工特点和要求等因素，对施工方遴选方式、遴选内容、遴选程序的合规性进行审计监督和评价，确保遴选公正、公平，杜绝其中的暗箱操作和腐败行为。

5.2.2　审计主要关注点

施工方遴选审计主要内容见表 5-2。

表 5-2　施工方遴选审计主要内容

项目	施工方遴选（含招投标）审计
审计对象	施工方遴选程序和内容
审计目标	确保施工方遴选方式符合建设单位管理要求，遴选组织程序规范完整，遴选评估的内容全面、具体、真实，遴选结果合法合理，确保遴选工作的公开、透明、规范，以促进建设项目目标的实现
审计应获取资料	被审计单位内控管理制度 项目立项核准文件，如立项审批表、预算审批表、会议纪要、内部签批文件、合同及审批材料等 施工方遴选方式的依据材料：是否采用直接委托、询价比价、邀请招标、公开招标等方式 遴选过程材料，如采用的是直接委托，是否有谈判纪要、合同约定及审批材料；如采用的是询价比价，是否有询比价集体审议决定意见；如采用的是邀请招标或公开招标，是否有招标公告、招标文件、评审过程记录、中标通知、投标材料及清单等 其他相关资料
审计内容	遴选方式选取原则审计：是否按照内部控制管理要求，选取合适的施工遴选方式 遴选程序合规性审计：遴选组织程序是否合理合规，执行过程记录是否完整，遴选结果是否真实可信 遴选内容完整性审计：遴选内容是否涵盖商务指标、技术指标、管理指标等，评判标准是否合理有效，评判过程和遴选结果是否真实合规等

5.2.3　注意事项

（1）关注被审计单位对小型基建类项目施工方遴选的原则和依据，是否有相应的管理制度规范，这些规范是否与国家相关法律法规标准一致。

（2）关注遴选方式是否经过论证和审批。是否存在未经批准随意变更遴选方式的情形；是否存在以肢解发包、化整为零、招小送大、设定不合理暂估价等方式规避邀请招标或公开招标的情形，或者以虚构涉密项目、应急项目等形式规避招标；是否存在以内部会议纪要、集体决策、备忘录等方式将应招标的项目转为采用谈判、询比、竞价或者直接采购等非招标方式的情形。

（3）重点关注施工方的遴选标准、评比办法是否科学、客观、公正。是否根据项目的特点和实际需要合理设置了对施工方资质、业绩的限制条件和评判标准，是否通过设置非必要性条件排斥或限制非意向施工方投标或申请；评分事项是否涵盖施工方的资质、业绩、技术路线、组织管理、合作意愿等方面；评分计算方法是否规范科学等。

（4）关注施工方遴选的组织过程。如果采用直接委托方式遴选施工方，被审计单位应选派责任心强、熟悉业务的人员参与遴选谈判，重点考察施工方的履约能力、对施工项目实施的保障能力等，参与谈判的人员应遵循利益冲突回避原则，其与施工单位应不存在关联关系或利益相关关系。如果采用询价比价方式遴选施工方，应通过集体审议方式，对施工方的资质、业绩及项目资金测算资料进行审核评议，必要时可以进行现场考察，优选出最佳方案。如果采用邀请招标或公开招标方式遴选施工方，一方面要选择信誉好的招标代理机构实施招标程序；另一方面要加强对评标报告的审查，重点关注评标委员会是否按照招标文件规定的评标标准和方法进行评标，是否存在对客观打分项评分不一致的情况，专家主观评分中是否存在畸高或畸低的情形，是否存在可能低于成本或者影响履约的异常低报价或严重不平衡报价等情况。

（5）关注施工方提供的应约文件中的履约承诺，是否对项目提出的实质性要求和条件做出响应，是否能在要求的工期内保质保量地完成施工任务，是否遵循经济效益原则等。

（6）关注施工方提供的项目实施技术方案的审核。施工方提供的技术方案，是为完成建设目标保证项目顺利实施而采取的技术路线、资金成本、人力成本、设备设施投入测算预估后的综合体现，尤其是以工程量清单为基础的成本支出是审核关注的核心。审计人员应核查施工清单事项是否齐全，是否存在缺项漏项情形，是否存在盲目扩充、通过虚增施工项提高成本报价的情形；还应关注总成本报价是否超出预算总额，或者成本报价远低于预算，存在"事先低报""中后高报"的情形。项目方或管理方应关注施工方派驻的管理人员是否专业、唯一，人员投入、合作诚意是否符合项目需求等。

（7）关注遴选记录的真实性、准确性、完整性，如遴选方案审批文件、遴选会议纪要、参会人员签字表、招标方案、评标报告等是否按时收集、整理、归档；相关签字记录是否完整、准确，是否存在有篡改、隐匿、损毁、伪造的记录，是否未依据档案电子化、数字化要求保存相应的录像、录音、图纸证据等。

5.3 合同文本规范性审计实务

5.3.1 审计场景

小型基建类项目实施过程中可能涉及多类合同，如与施工方签署的施工合同，与招标代理方签订的招标服务合同，与造价咨询方签署的结算审核服务合同，需要甲方采购物料或设备而签订的采购合同等。在这些合同中，最常见的就是施工合同。

合同是双方必须遵守履行的法律文书，是最重要的审计证据。合同文本规范性审计是对合同内容的完整性及合规性、合同依据的充分性及可靠性、合同签批程序的规范性进行监督、审查和评价的过程。通过内部审计监督，确保合同标的符合建设目标，合同关键要素完整清晰，合同条款规范准确，合同签订程序合规有效，能有效避免经济纠纷，防范合同风险。

5.3.2 审计主要关注点

合同文本规范性审计主要内容见表 5-3。

表 5-3 合同文本规范性审计主要内容

项目	合同文本规范性审计
审计对象	施工合同、咨询合同、采购合同、服务合同等
审计目标	关注合同的合法性、严密性、可行性，确保合同标的符合建设目标，合同关键要素完整清晰，合同条款规范准确，合同签订程序合规有效，以避免经济纠纷，防范合同风险
审计应获取资料	合同文本及附件、协议 合同管理内控制度 合同签订前询价、资质审核、谈判、集体决策等记录 合同核准审批资料 合同履约保证相关材料

续表

项目	合同文本规范性审计
审计内容	合同签订依据审计：合同签订依据是否可靠，是否经过论证，是否符合建设目标等 合同内容的实质性审查：审查合同主体是否合法，合同标的、价格、质量等要素是否准确完整，合同条款是否清晰规范，合同用词是否准确等 合同签订程序审计：签批程序是否完整有效，手续是否齐备

5.3.3 注意事项

（1）施工合同签署前，通过施工方遴选程序，被审计单位已经对施工方的资质、施工组织能力、社会信誉度、经营状况、履约能力等进行了核查；在确定施工方并与之签署合同时，要关注施工方前期洽商时的承诺、报价、物料标准等材料（或者投标文件），是否明确作为合同附件要素进行约定。审计人员审核过程中，要关注合同正文中主要技术指标、报价、单价、工期等与谈判洽商时（或投标时）承诺的指标和内容是否一致；对预付款、进度款拨付的约定是否清晰合理，是否符合国家或地方相关规定；合同约定是否有施工技术负责人，其资质履历及参与管理的方式是否与项目要求相符。与投标承诺相比，在总价相同的情形下，施工方可能在合同中通过修改工程量、抬高人员成本单价、降低物料成本单价等方式，达到变相提高施工收益的目的，造成甲方权益的损失。

（2）关注施工合同内容要素和要件的齐全性，包括施工范围、合同工期、质量标准、合同价款、计价方式、合同生效时间、履约责任义务、违约处罚条例、保修期、付款方式、争议解决办法等条款，以及工程量清单、物资物料清单、计价标准等附件。

（3）审查施工合同价款约定的合法性。施工合同价款通常有固定总价合同和固定单价合同两种。固定总价合同一定是确定的，而不应有暂估价、暂定价、概算价等不规范不严谨的说法；固定总价合同要约定合同价款是否存在调整风险，以及费用的调整条件及认定方法，避免因双方认知歧义而导致经济纠纷。固定单价合同要约定工程量实施范围、实际测定方法、认定条件及签字确认流程等，同时也要约定一旦发生超范围工程量的情况下双方的协调和应对举措，避免出现额外作业任务导致影响工期和预算。

（4）审查施工合同的款项支付条款是否规范。审计人员要关注款项支付条件，即付款额度计算是否以工程进度完成信息为依据，是否包含了已经发生的物料成本，是否存在超付进度款、延付采购款等情形；拨付款项时间是否符合规定，拨付比例是否与合同约定内容一致等。

（5）审查施工合同违约条款的合理性。违约责任条款是督促甲乙方正确、及时、全面、有效履行合同的一种制约手段，是施工合同中最重要的条款；审计时要关注违约责任是否具体明确，违约金、赔偿金约定的具体数额和计算方法是否合法合理，具有可操作性；出现违约或合同争议后，解决途径和处理方法是否恰当等。

（6）除了施工合同外，其他咨询合同、服务合同等，审计时要关注合同要素的实质性审查，包括合同签订时间、合同签订主体、合同标的内容、合同约定的数量单价、标的物交付方式、验收条件、结算方式、违约责任认定、争议解决方式等，关注这些要素的完整性、合规性，发现合同内容存在明显的缺陷和不足，要了解其背景和原因，给出定性和结论。

（7）审查合同签订过程的规范性和有效性，如合同审核是否到位，签署职责是否明确，签署人、审核人、批准人意见是否明确，签字是否完整有效等。

（8）审查合同留存资料的完整性，除了合同正文文本外，合同对应的投标文件、图纸、数据、会议纪要、补充条件等均作为合同的有效要件（附件）留存。

5.4 项目款项支付审计实务

5.4.1 审计场景

在小型基建类项目实施过程中，涉及的款项支付包括工程预付款、施工进度款、采购合同款、招标代理费用、结算审核费用等。其中，施工进度款是最核心的支出款项，依据施工合同、施工进度和实际完成的工程量，对进度款支付环节进行审查、监督和评价，即单位内部监督部门应履行的重要职责。此外，依据招标代理服务合同、结算审核服务合同、物料采购合同相关的款项进行支付，也应当予以关注。施工预付款要关注合同的约定内容，尤其注重预付款抵扣规则，在支付进度款的时候要核算准确。

项目款项支付审计的目的，一方面是确保各款项组成真实、合法，核算科目准确，账务处理合规；另一方面是为了规范相关款项的申请、审批、支付等流程，明确职责，加强成本控制，确保工程顺利进行。

5.4.2 审计主要关注点

项目款项支付审计主要内容见表5-4。

表5-4 项目款项支付审计主要内容

项目	项目款项支付审计
审计对象	工程进度款、采购合同款、服务合同款等使用和支付的管理活动
审计目标	确保各类资金使用得真实、合法，会计处理得合规有效；促进小型基建类项目加强资金和物资的使用与管理，提高资金使用效益，促进建设项目目标的实现
审计应获取资料	各类款项相关合同文件（包括合同对应招投标文件等） 施工进度款申请材料，包括工程施工进度确认单，工程量完成确认单，施工监管阶段性审核会议纪要、报告、签证单等材料；管理方的认定材料，包括支付申请、附件材料等 施工预付款记录材料 支付物料采购款，除了合同外，还需要物料发货单与明细，物料领用单及使用记录等 支付招标代理服务合同款时，要核定代理服务是否完成，要提供完整的依据材料 支付结算审核服务款时，要提供结算审核履职相关材料
审计内容	审查款项支付管理活动的规范性：审核支付程序是否合规，各层级签字确认是否完备，是否符合内部控制管理要求 审查款项支付依据的真实性和完整性：款项支付依据是否充分、完整、准确，支付业务是否真实，支付标准是否规范，支付手续是否完备 审查款项支付核算的准确性：各款项计算数额是否准确，核算是否无误，账务处理是否正确合规

5.4.3 注意事项

（1）小型基建类项目的款项支付包括预付款、进度款、合同款（含采购）、结算款等。审核时，需要关注每一类款项支付要求、支付依据、支付权限、支付程序等。首先关注的就是支付程序是否规范，款项支付时各管理方是否履行联审程序，签字是否完整，包括项目方、管理方、监督方、资金使用部门是否都有明确的签署意见。

（2）施工预付款支付须关注合同约定的预付款支付条件、支付用途等，实际支付时是否按约定执行。

（3）施工进度款审计时，应确定合同中约定的款项支付条款，尤其关注预付款支付条件及执行情况，厘清预付款和进度款之间的关系，检查预付款、保留金等扣除是否正确，是否符合合同约定。

（4）审查施工进度款支付依据的完整性和准确性，包括施工进度完成情况是否经过项目方和管理方的认可并有确认签署意见；如果是按工程量完工程度计价并支付进度款的，要明确完成的清单子项（作业内容）及款项核算比例，支付时复核结果是否准确；关注出现未按期完工的情形而要提前支付款项的情况及进度完工后延期支付款项的行为；关注进度款的拨付比例是否与合同约定一致。

（5）审计支付服务类合同款项时，关注合同款支付条件是否达到，支付比例和支付时间是否按合同约定执行，支付程序是否规范完整等。

（6）审计支付货品及物料采购款项时，要审查货品及物料的实际到货情况与款项支付时间是否吻合，支付数额与货品物料的数量、型号、规格是否符合。此外，还应关注物料采购支付签批手续是否完整有效，货品是否入库，入库核算是否准确，领用和使用记录是否清晰等。

（7）审计支付结算款项时，要关注结算审核结论意见是否核准，支付签批意见是否完整，支付数额核算是否科学准确，核算时是否全面考虑了扣除预付款、进度款等因素，是否预留了质保金等。

5.5 施工内容变更审计实务

5.5.1 审计场景

小型基建类项目在施工过程中由于受自然条件、客观因素、主观干预等影响,导致项目的实际情况和预期施工内容相比发生了一些变化,出现施工内容项的增加、减少或变更,我们统称为施工内容变更。例如,在冷暖工程管道改造过程中,原来预计的管道安装走向与实际情况有出入,有些点位无法进行管墩安装,导致要改变管道的走向和标高。施工内容的变更必然影响原有的成本预算和资金支出,有可能还会导致项目建设目标的变更。因此,施工作业项的变更就成为小型基建类项目协调、管理、监督的一个难点,需要审核方重点关注。

在小型基建类项目施工过程中,要关注项目方、管理方、施工方、监督方之间是否有良好的洽商管理机制。尤其是出现施工变更作业项,各关联方应将施工内容的增减、实际发生的预算外费用等以书面形式固化下来,经各方协商签字认可后,形成有效的洽商单。洽商单属于新的协议,是原有合同内容的补充,具有经济法律属性,因而洽商单属于合同的要件之一。我们把变更洽商单、施工签证单等均归属于此类,在此节描述中统称为洽商签证单。

事业单位实施的某些零星维修业务,由于没有正规的施工图纸,往往由施工企业给出简单的检修方案和施工路线图,完工后以洽商签证单的方式办理施工结算,因此,洽商签证单内容的细致程度及程序的规范性就非常重要。洽商签证单是否有效有两个要素:一是多关联方同时签署认可,包括施工方、项目方、管理方、监理方均签字认可方有效;二是内容要具体,包括约定施工方式、实施路线、标明位置、尺寸、数量、日期、所用材料数量、设备标准、结算方式、结算单价等。

对施工内容变更的审计主要依据对变更事实过程的合理性判断,参照管理方与施工方协商程序的规范性,评判变更内容是否真实、完整、有效。

5.5.2　审计主要关注点

施工内容变更审计主要内容见表 5-5。

表 5-5　施工内容变更审计主要内容

项目	施工内容变更审计
审计对象	小型基建类项目实施过程中作业内容的变更及管理活动
审计目标	通过对施工作业项的变更事实、变更程序、变更内容、变更成本、变更管理活动的真实性、完整性、有效性进行审核,达到利于造价管理与成本控制,保证建设目标实现的目的
审计应获取资料	项目施工合同及协议附件等材料 项目内控管理规范、项目人员分工及岗位职责等 项目施工日志材料,包括进度确认单、物料领用使用审批单等 施工内容变更事实确认单、变更、签证现场记录及审核签字表,含作业项相关计价、预算定额规范、标准、核算结果确认等 重大变更项的审批确认材料,包括联系单、现场记录单、协调纪要、审批意见等 其他材料
审计内容	变更管理程序规范性审核:在施工过程中有变更事项出现后,施工方、管理方、监督方、资金控制方、决策方是否有明确的管理机制和运行程序对此类事项进行处理,程序执行是否有效 变更事项真实性审核:施工作业事项的增减变更确因各类主客观原因导致影响项目目标的完成,变更缘由是否合理、变更责任是否清晰、变更管理是否完善,是真实性审核关注的要点 变更作业内容准确性、完整性审核:确实需要完成作业项变更时,关注变更项是否经过项目方、管理方、施工方的多方认可,变更事项涉及的人工、物料、设备、施工途径等是否清楚明确,具备可操作性 变更成本测算合规性审核:变更事项经多方确定后,由造价咨询方对施工变更内容成本进行测算,要关注增加物料和人工数量是否合理,价款、措施费用是否准确,预测总价支出是否在预算范围内,变更总计是否超出管理方审批权限,申报签批程序是否合规等 变更资料归集管理完整性审核:审核各类变更证据、签批材料、测算材料、协调纪要是否收集完整,是否归档编号等

5.5.3　注意事项

（1）小型基建类项目实施过程中,可能会遇到增加合同约定以外的施工作业项的情况,因此,在施工进场时,应与施工方约定洽商变更事项签署原则和规范，设计洽商变更单模板，明确洽商变更记录内容项及双方认可签字的条件和要求。此外，如果出现施工方、管理方、监督方对变更事项意见不一致的情况，应事先约定如何进行分歧解决及风险防控，避免出现纠纷影响项目进度。

（2）小型基建类项目施工过程中发现与约定内容不一致的增减或变更项时，首先要关注变更管理责任是否落实到位，变更项是否经过项目方、管理方、监督方的确认签字才予以实施，避免出现未经管理方同意，而施工方单方面增加变更内容以获取利润的行为。

（3）小型基建类项目施工内容变更过程中，还需要关注项目方、管理方的变更权限范围，这个权限范围包括变更作业项和变更成本项两项。变更作业项是超出合同约定施工范围内的任务，在满足变更条件下由项目方或管理方签署同意变更意见。但某些情况下，变更项的成本数额可能超过授权签字人员能决定的审批权限范围，因此还应履行成本超支审批程序。在项目实际监管过程中，该程序往往会被忽略，导致后期成本控制未达到理想效果。

（4）施工内容变更时，洽商签证单往往会涉及专业内容，如某些材料的用料要求可能超标准，某些定额或综合单价中已包括的税费、措施费、人工费等进行重复计价，对非专业出身的项目方、管理方来说审核以上内容会比较困难，因此要借用第三方造价公司的力量来帮助完成签证认定工作。

（5）审查管理方是否及时完成洽商签证单的签署工作。施工过程中会遇到很多现实的问题，通常都是施工方和项目方、管理方达成口头协议后，先实施后签证，往往是施工完成后才突击补办签证手续，要避免有些施工单位故意把完成工程量的时间往后推，在签证日期上做文章，以获得不合理的利润。原则上单项作业变更需在相应工程结束后 7 天内完成，隐蔽工程的签证原则上在下一道工序施工前完成。

（6）由于疫情防控等原因导致的停建、缓建，或者造成施工方的停工、窝工、返工而发生的倒运、人员和机具的调迁等损失，最好在合同签订过程中有损失补偿约定原则。这种不可抗力导致的施工损失，不属于作业内容变更，不建议以洽商签证单的形式认定。

（7）审查变更内容管理记录的规范性、完整性。项目管理方应及时将会议纪要、协商单、签证单等文字材料进行编号归档，避免出现重复签证单、涂改签证单、重复计价单等不合理计费单。

5.6 货品、物料采购与管理审计实务

5.6.1 审计场景

在小型基建类项目施工中，有时为了节约成本，项目方或管理方会自己购置主要施工材料。某些情况下，物料采购在整个小型基建类项目支出中占有较大比重，是审计关注的一个重要方向。根据采购主体，小型基建类项目物资材料包括甲供物资物料和施工方采购物资物料。其中，甲供物资物料是由项目单位（即项目方或管理方）直接采购用于小型基建类项目的物资材料，这是在项目立项时事先计划和预算好的，也可能是与施工方签订合同时事先约定的。

此外，货品与物料的使用管理也是审计关注的事项之一，包括物料的现场验收、出入库使用管理、存储和堆放、余料的记录和交付等。在小型基建类项目成本核算中，往往会漏记剩余物料的价值，或者在交付使用时，形成资产的货品未及时纳入"交付资产"账务核算，有可能形成账外资产。

无论是项目方采购还是施工方采购，物料是小型基建类项目消耗资金的直接成本构成项之一，因此，通过对物料采购、验收、付款结算、出入库管理、余料处置等各个环节进行监督检查，审核采购合同的规范性、验收结算的及时性、出入库管理的完整性、现场管理与余料盘点的有效性，可以保证小型基建类项目资金使用的安全性和经济性，为项目目标的实现奠定基础。

5.6.2 审计主要关注点

货品、物料采购与管理审计主要内容见表5-6。

第 5 章　以关键节点为对象的单项业务内部审计实务指引　111

表 5-6　货品、物料采购与管理审计主要内容

项目	货品、物料采购与管理审计
审计对象	小型基建类项目中的物料采购、使用、盘点等活动
审计目标	通过审核物资采购内容的完整性、采购方式的恰当性、采购合同的规范性、验收手续的完备性、出入库管理的规范性、现场盘点的有效性，促进和改善管理水平，提高资金使用效益，保证建设目标的实现
审计应获取资料	物料采购与管理审计应获取如下资料： 物料采购合同及采购相关的申请表 物料到货交验表、入库验收盘点记录 相关结算支付凭证 出入库使用记录、领用登记表 现场余料盘点表、完工交付实物资产表 其他资料
审计内容	采购程序规范性审计：根据采购额和国家法律法规要求，选取恰当的采购方式，关注采购是否履行询价、比价、分级审批等手续，执行是否规范 采购合同审计：合同标的和要素是否清晰准确，条款是否合理 结算入库审计：物资的收货、入库、发货是否记录完整，入库验收是否准确无误，结算支付是否合理合规，是否有明确的出入库管理措施等 物料使用管理审计：物料的领用、消耗等登记是否完整准确，管理是否规范 余料盘点及交付审计：项目剩余的物料是否及时交付并进行资产登记

5.6.3　注意事项

（1）小型基建类项目确实需要采购必需的物料时，审计首先应关注采购的物料规格、型号、质量是否与预算和采购计划要求一致，与实施目标之间有无偏离或更改。例如，防水修缮项目，防水材料种类较多，价格质量各不相同，预算和使用需求不同，对防水材料的性能要求也不同，因此，需要施工方、项目方、管理方事先达成共识，在采购时明确质量等级和性能指标，避免出现分歧。

（2）如果采购是项目方或管理方负责实施的（甲方采购），还要关注采购方式、采购程序的规范性。事业单位有明确的采购控制管理要求，因此，应依据采购额度选择询比价或招标的方式进行，通过对供货方的评审、采购价格的确认、合同的签订，查证运作程序是否符合规定。

（3）审查采购合同要素是否规范，如合同标的物要素（规格、型号、数量、单价、总价、维保等）是否清晰准确，运费、交付地点、退换货等条款是否合理。

（4）关注物料收料单、送货凭证、入库台账，查证采购验收手续是否齐全，采购数量的计算、统计是否正确。

（5）关注采购付款支付情况，查看物料结算单，查证结算款项是否真实、结算数据是否准确、付款审批程序是否符合规定。

（6）在物料的使用管理方面，检查物料出库台账，对比物料实际数量和计划消耗数量的差别，或者从进度结算费用变化中发现存在的问题和原因。

（7）查验剩余物料的盘点与交付情况，项目完成后是否对剩余物料进行盘点，剩余物料交付后是否进行资产登记。

（8）在货品、物料采购与管理审计过程中，务必关注项目方或管理方是否以基本建设的名义购置电子设备、家具、办公用品等，并直接计入建设成本或安装成本；在项目结束后，并不盘点体现这些设备资产，导致账外资产形成。

5.7 现场监管审计实务

5.7.1 审计场景

小型基建类项目尽管规模小，但也属于基建工程项目范畴。现场施工是影响最终产品质量的重要过程，在这个过程中影响因素多、涉及面广、劳动投入大，所以做好现场施工管理工作是小型基建工作的重中之重。现场监管的重点集中在质量管理、安全管理、进度管理、投资管理四个方面；而物料的进场使用管理、现场变更及签证管理、项目的验收管理等环节均离不开现场环境，因此，现场管理的效率和质量直接影响项目投资成本和经济效益。

本节列示的现场监管审计还是从事业单位内部控制的角度，对小型基建类项目实施过程中与现场紧密相关的控制活动进行监督检查和考察评价，查看现场监管活动和措施的有效性，评价其对项目工期、质量、成本的影响，以达到提升管理水平、增强项目经济效益的目的。

5.7.2 审计主要关注点

现场监管审计主要内容见表 5-7。

表 5-7 现场监管审计主要内容

项目	现场监管审计
审计对象	小型基建类项目与施工现场有关的监督和管理活动
审计目标	通过审查现场监管工作的组织管理和制度规范的完整性、现场监管内容和措施的有效性，评价监管活动对项目工期、质量、成本的影响，以达到提升管理水平、增强项目经济效益的目的
审计应获取资料	现场监管应获取的资料包括： 小型基建类项目管理相关的内控制度和执行规范 小型基建类项目组织管理材料，如人员岗位职责、分工任务表、履职记录等 施工现场管理日志，巡查日志（安全、质量）；协调会议纪要、现场处理问题清单、审批材料等；洽商签证记录 物料使用记录、出入库使用记录、领用登记表等；现场余料盘点表、完工交付实物资产表等 其他资料
审计内容	现场监管工作执行情况有效性审计：是否建立小型基建类项目管理和内控制度体系，是否明确现场管理人员岗位职责，是否针对项目特点制定现场管理要点，是否要求按期填写项目现场管理日志等 现场监管内容和措施的有效性审计：是否建立现场安全监管工作规范并有效运行，包括检查施工现场安全生产责任制度、安全检查制度和事故报告制度的执行情况；是否设立门岗实名登记，检查出入证和安全防护设备管理；是否每天定期巡查，检查防护、塔吊、临时用电设备运行等情况 是否建立现场质量监管工作规范并有效运行，包括审计是否建立抽查不合格项处理规范，是否建立质量事故报告及处理规范；进场时是否组织施工方案技术确认，是否组织施工测量放线确认、物料质量确认、隐蔽工程确认等 是否建立工程进度控制工作规范并有效运行，包括制订施工进度计划，按照周、月实施进度动态管理，制定停工复工应急处理措施等 是否建立成本控制现场管理规范并有效运行，包括审计是否建立物料管理制度和现场操作流程，是否执行物料的出入库检验和记录，及时在财务账上反映材料收支情况；是否明确现场内容变更职责权限，严格变更签证管理；是否明确现场监管规范，对分项工程质量严格把关；是否督促施工方对不合格项进行返工，严格验收签字管理等

5.7.3 注意事项

（1）建筑产品是直接由人来完成的，因此加强对人员的管理是极其重要的。人员包括直接参与工程施工的组织者、指挥者、操作者和监督者。现场施工管理要以人为核心，以人的工作质量保证工序质量，提高现场施工管理水平。因此，现场监管审计首先应关注人员岗位职责和任务分工，查看现场管理人员是否真正发挥现场指挥者、管理者的作用；察看施工方是否有健全的人员岗位责任制，是否有强有力的现场施工管理措施，能确保按期完成工程任务。此外，还要查看管理人员与施工人员的例会、工作日志，关注现场沟通和协调机制是否运行正常，是否存在分歧，协商解决问题的机制是否有效。有的单位施工方项目经理在施工期间始终未露面，从未出席过施工例会，审计时对这种明显违背合同约定的事项要予以披露。

（2）关注物料的现场使用和监管质量，如防水铺设项目中，一定要检查防水材料的选择和验收。在现场施工过程中，应关注施工方是否对物料质量有控制措施，执行效果如何，审查现场监管规范中是否包括物料的质量标准、材料性能、材料抽样、试验方式和施工要求等；相关配件到货后是否及时开箱检验，对不合要求的配件是否有更换或退货措施；物料进场时是否检查出厂合格证和材料检验单，物料严格把关措施是否有效执行。

（3）关注施工工艺的质量监管，如装修工程中墙面涂料的涂刷次数；管道中阀门、接口是否严密等。关键工艺和核心环节应履行现场验收手续，应获得施工方、管理方、业务方、监督方的认可和确认。

（4）关注现场管理对施工内容变更的把控质量。施工内容变更通常关系到工程量的改变，从而引起工程成本的增加，所以加强施工内容变更的审核对控制工程成本有着直接而明显的效果。审计时要关注签证变更管理方履职监管执行的情况，是否存在管理不到位、重要记录签署不规范等情形。

（5）关注现场对施工任务质量的验收和评定管理是否有效，施工任务的质量验收和评定一定是在现场管理中进行的。分项工程质量决定分部工程质量，分部工程质量决定单位工程质量，所以分项工程质量是评定工程质量的基础。通过查看日常管理日志或施工方日志，检查现场监管员或管理方对分项工程质量的把关措施是否有效，检查是否认真仔细。

（6）关注现场管理中是否有应急处理机制、是否有会商协调机制、是否有过错追责机制、是否有相应的惩罚措施等，并审查以上机制是否能有效运行以保障项目的顺利施工。

5.8 验收管理审计实务

5.8.1 审计场景

小型基建类项目的验收是整个项目落地的一个重要环节，也是验证小型基建类项目实施目标是否完成的重要环节，是审计核查的重要内容。

小型基建类项目能够实施验收环节的条件包括：施工方已经按照合同约定（含后期洽商签证单要求的内容）完成所有建设内容和任务；项目相关的资料、图纸、检验报告等资料准备齐全；现场整理到位，垃圾清理完成；施工方和专业监管人员已经完成了各项验收（如结构、装修基础、消防等专业验收），并提供验收合格报告；验收记录清晰完整，验收程序合理可控。因此，此项列示的验收内容主要针对的是管理验收。

小型基建类项目验收管理审计主要是对验收管理活动的真实性、合法性进行审查、监督和评价，以达到落实验收责任、规范验收程序、保证施工质量、改进小型基建类项目管理水平、保证项目目标实现的目的。

5.8.2 审计主要关注点

验收管理审计主要内容见表 5-8。

表 5-8　验收管理审计主要内容

项目	验收管理审计
审计对象	小型基建类项目的验收管理活动
审计目标	通过审核验收工作的组织管理、项目建设内容的完整性与系统性、资料记录的规范性，促进和改善小型基建类项目管理水平，保证建设目标的实现
审计应获取资料	项目合同及附件材料 施工方提供的过程记录或管理材料 施工档案资料目录 各分项专业验收确认材料 资金结算资料 验收流程及实施方案 其他资料
审计内容	验收组织管理审计：关注是否组建验收小组，分工职责是否明确，签字履职要求是否清晰，验收内容和流程是否细致规范等 专业及分项验收审计：关注合同约定的各项内容是否全部完成，有无漏项；是否按照行业规范依次完成专业工程的验收，有无专业验收意见，相关专业验收报备手续是否齐备完整 验收程序审计：验收流程是否涵盖现场、专项、资料等各个环节，验收内容是否涵盖质量、安全等，以及施工方、监督方、管理方等所覆盖的所有内容；验收记录是否完整、准确、及时

5.8.3　注意事项

（1）通过与项目方、管理方人员的谈话了解被审计单位对小型基建类项目验收环节是否重视，是否组织人员进行实质性考察验收，有无虚假验收，一签了之的情形。

（2）要关注验收签字确认单上的人员是否真正履行验收义务，有无走马观花、糊里糊涂、未对验收各项任务仔细盘查、签字充数的情形。

（3）查验验收流程及内容覆盖度是否完整，如是否对分项任务进行逐一核对，是否对施工质量与安全符合度进行现场检查，验收标准和签字要求是否明确，发现问题后是否有处置预案和措施等。

（4）查验现场验收记录的准确性和完整性，在现场验收时是否对基建业务外观质量进行合理核验，是否对各项任务数量进行检查。例如，办公房屋装修工程，应检查装修房间的数量与合同约定数量是否一致，墙面涂层是否出现剥落、裂缝、掉粉的情形，门窗的规格、质地、颜色是否与合同约定一致等。又如，绿化补种项目，要关注绿植种类、数量、间距等是否与合同约定一致，有无调换树种、间距变大稀释成本的情形。

（5）查验验收结论签字的规范性和严肃性。核查验收意见是否由施工方、项目方、管理方、监督方共同签字确认；签字的各方负责人是否得到授权，是否在职权范围内履行验收义务，是否存在无资质的人员签字凑数的情况；验收有无发现问题，发现问题的定性描述是否准确，验收结论是否清晰等。

（6）查验验收资料的完整性。核查施工方提供的图纸、日志、专项合格证等是否齐全，能否作为现场验收的依据材料。此外，还应关注现场验收相关记录、结论、签字表等是否完整规范，各类管理会议纪要、审批意见是否及时归档。

5.9 结算复核审计实务

5.9.1 审计场景

无论是小型基建类项目还是零星基建业务，都涉及工程结算问题。工程结算是指项目单位在借助第三方咨询公司或专业造价师对施工单位提交的工程结算资料进行复核并确认结果的活动。工程结算数据是核定小型基建类项目或零星基建业务成本支出的依据，也是项目验收后核定是否形成固定资产、核定资产入账价值的依据。

本节所说的结算复核审计是审计监督人员对上述结算活动的全过程进行审查，关注结算程序是否合规、结算依据事实是否真实、结算数额是否准确有效、结算支付是否规范，从而达到改善事业单位基建类业务管理水平、提高资金使用效益、保障建设目标实现的目的。

5.9.2 审计主要关注点

结算复核审计主要内容见表5-9。

表 5-9 结算复核审计主要内容

项目	结算复核审计
审计对象	小型基建类项目或零星基建业务工程款结算活动
审计目标	以确保工程结算款真实、合法、准确、有效为目的，通过对工程结算内容、依据的真实性、合法性及结算程序的合规性进行审核，促进和改善小型基建类项目或零星基建业务的管理水平，提高资金使用效益，确保建设目标的实现
审计应获取资料	工程结算相关内控制度、管理规定 施工方提供的结算材料，包括结算申请书、结算清单、施工方案、图纸、工程合同或协议、施工签证、工程变更单，以及工程所用设备和材料等的品牌、型号、单价情况，工程质量保修书等 项目方或管理方提供的材料，包括项目立项文件、核准材料、协商会议纪要、审批意见、物料采购合同、验收记录、验收结果签字单、结算审核委托协议等 结算审核方提供的材料：结算审核报告、结算审核结果、协调确认单等 财务管理方提供的材料，包括进度款支付凭证、合同支付凭证、项目核算账务信息、备查材料等 其他材料
审计内容	审查结算资料完整性。小型基建类项目和零星基建业务的结算审计涉及多家关联方，需要施工方、管理方、财务方、造价审核方共同配合才能顺利推进，因此各方应提供与结算活动相关的依据材料，材料收集的完整性直接影响审计的效果 对施工项目或业务的现场进行勘查。项目或业务已经完成后才启动结算工作，因此，审计人员在进行结算审计时，应对项目完工情况有直观的感受，通过现场勘查对项目任务完成情况进行摸底，是审计不可或缺的一项重要步骤 审查结算程序的规范性。工程结算涉及面广、技术性强，因此结算审计应关注结算活动程序的规范性，如施工验收程序是否合规、造价审核结果是否经过多方确认签字、资金使用的审批手续是否齐全、结算资料是否齐全、结算时间是否及时等 审查结算款项内容的真实性、有效性、合规性，关注结算款依据是否充分完整，量、价、费等计算是否准确合理，是否存在高估冒算等情况 审查项目或零星业务的经济性和效益性。审查工程结算结果与预算结果相比，是否存在超支浪费情况，是否存在管理不善等问题，分析评估原因，进行经济性效益性审计

5.9.3 注意事项

（1）结算时重视施工合同约定内容及要点的理解，尤其是计价依据、施工变更、施工签证、结算方式等内容,是结算审计最重要的依据和参考。合同约定条款不严谨,理解歧义较大,会影响后期结算审核的质量。

(2)审计人员要关注项目或业务完成后对现场的勘查。现场勘查可以加深对项目施工内容的直观印象,理解结算项目的组成和计价依据,同时可以对项目实施内容的真实性进行复核检查。例如,审计方曾检查一项园区外围路面破损地砖的更换结算单,上面标明更换位置为"A楼东南角外侧6米路面,更换破损地砖10块",但审计人员现场勘查时发现,A楼东南角外侧10米范围内全部是绿化草坪,并无内部道路,也未见结算单上的路面地砖。因此,审计不仅要关注文字记录和资料的内容,更重要的是要相信现场所见。至于隐蔽工程,即使到达现场也无法窥见当时施工的原貌,这时才需要对过程记录进行仔细甄别,回溯施工场景。

(3)重视结算审计的组织协调工作,做好审计风险预案。由于内部审计监督队伍专业性不足,对工程结算内容的真实性合理性审计存在畏难情绪,同时被审计单位针对小型基建类项目或零星基建业务欠缺有效的内部控制、监督制度和执行程序,最终反馈为对工程造价的多少产生影响,造成审计控制风险。因此,针对工程结算复核审计,一是要有明确的审计思路,有独立的审计判断能力;二是要尽可能收集各方的资料,加强与施工方、管理方、财务方之间的沟通,多方了解情况获得更多的信息,有利于把控审计方向,降低风险;三是利用好第三方咨询公司或专业造价审计人员的帮助,弥补在审计过程中自身专业性的不足;四是做好审计发现问题的集体分析和研判,避免出现误判;五是审计结论要与项目方、管理方、财务方和决策方沟通确认,获得一致认可,避免产生主观臆断片面肤浅的审计结论。

(4)关注施工方提供的结算资料的真实性、完整性,核查由施工方提供的施工结算单是否与施工图纸、任务清单相符,新增的货品或物料是否有出入库记录,原始记录单是否完整等。

(5)关注结算款项内容的真实性、有效性。重点关注以下几个方面:①关注是否存在多计、重复计算工程量的情况,混淆各分项工程的界限,不同规格的分项工程混合计算、重复计算工程量,结算中已计算的工程量实际未施工,结算时不扣除等。②审查施工内容变更签证记录的真实性、合理性，审核是否有超范围变更增项，签证内容是否翔实完整，签字是否齐全有效。③审核工程量计算规则与方法是否与定额要求一致，检查计算内容有无漏算、重算和错算现象，同时还应注意计量单位与预算定额中单位是否一致，避免在计算上产生错误。④审核定额套用情况，关注结算定额套用是否正确，相关的定额子目是否合理，是否存在高额定额套用，定额缺项的相关造价确定是否合理，是否存在利用缺项子目套用投资的情况，结算单价是否与中标时单价一致。⑤审核工程取费情况，关注结算中各项费用的计取比例，计算基础是否符合规定。⑥审核材料价差控制情况，如材料质量是否合规，材料价差调整依据、市场指导价和预算价是否合理，购置材料手续是否齐全等。

（6）关注结算时物料的结余和资产的形成情况。小型基建类项目或零星基建业务最大的特点就是不可预测性，因此，施工结束后物料出现结余、形成设备资产的可能性大。但结算时，这些作为施工直接成本可能全部计入费用，资产的属性往往被忽视，形成账外资产。例如，某单位网络会议室装修改造工程，将会议室配备的专用投影仪、分体式空调纳入施工预算中。工程结算后，上述资产未及时转为固定资产，未纳入固定资产台账管理，形成账外设备。

（7）项目结算复核审计报告中应披露小型基建类项目或零星基建业务产生的经济效益评价供管理方和决策方参考。效益评价主要参考两个指标：一是小型基建类项目预算成本和结算数据之间是否有偏差；二是零星基建业务抢修前出现的问题风险和施工后的使用效果之间是否有偏差。结算复核审计就是对以上差异原因进行分析，对项目目标完成情况和实施效果进行评估，从而达到对项目实施的效益情况进行评价的目的。

5.10　资料记录与归档审计实务

5.10.1　审计场景

小型基建类项目的档案是记录项目立项、实施、验收全过程的文字材料、图纸图表、声像资料等载体的总称。档案能回溯小型基建类项目业务活动的全部，作为最直接最翔实的审计证据，是我们关注的重点。档案的两个关键要素：一是能实时记录；二是能归档保存。

小型基建类项目档案分为管理类和技术类两种。管理类档案包括项目决策、意见、规定、计划、请示及与项目相关的合同、验收、结算、审计意见等资料。技术类档案包括施工图、规划勘查报告、结构、消防、环保、防雷等专项技术书。小型基建类项目的档案归集也应遵循科研院所基本建设项目档案建档规范，根据实际需求进行分类编目。无论是管理类还是技术类关键环节和重要信息的记录，往往具有时效性；一旦超过时效，很难真实回溯原来的场景。

因此，小型基建类项目资料记录和归档审计就包括重要环节信息记录收集的准确性和及时性、项目档案整理归集的完整性和规范性两个方面：通过对资料记录与归档管理情况进行综合评价，确认相关工作是否完整、准确、系统、安全、有效，以发挥资料记录在项目后期运行、维修、管理、改扩建和项目后评价、审计及维权中的作用。

小型基建类项目归档资料清单见图 5-1。

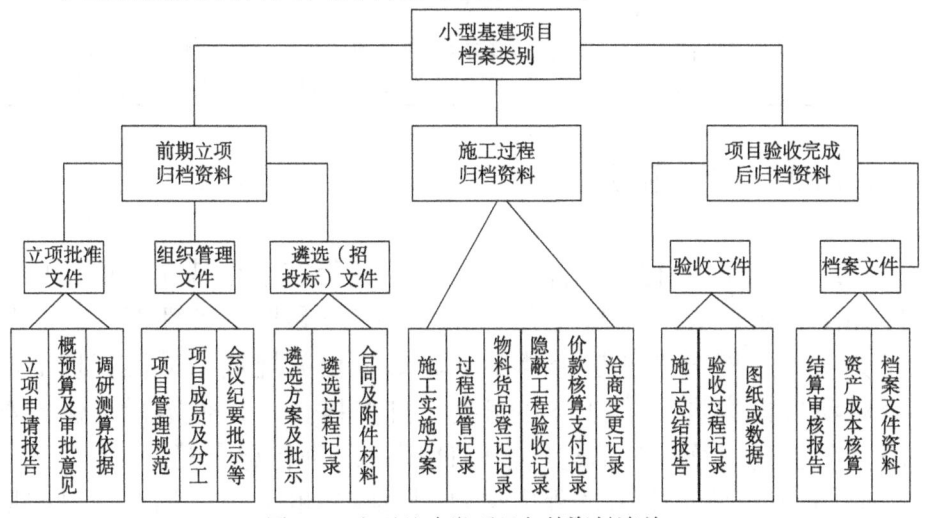

图 5-1 小型基建类项目归档资料清单

5.10.2 审计主要关注点

资料记录与归档审计主要内容见表 5-10。

表 5-10 资料记录与归档审计主要内容

项目	资料记录与归档审计
审计对象	项目记录资料及档案
审计目标	通过审核档案工作的组织管理、制度规范，查询关键信息记录是否真实、准确、及时，评判档案管理工作的完整性、系统性和规范性，促进和改善小型基建类项目管理水平，保证建设目标的实现
审计应获取资料	小型基建类项目信息记录规范、归档管理制度 小型基建类项目归档材料目录 管理类文件：项目立项审批材料、项目合同书、施工单位评审管理材料、洽商签证单、验收审批表、验收记录表等 技术类文件：施工合同、施工图纸、施工日志、专项验收签字表、合格证、交付物料设备清单、验收报告等 项目总结类档案：档案自查报告、档案验收意见表、档案整改备忘录等 其他资料
审计内容	资料记录与归档工作规范性审计：是否有明确项目关键信息记录规范、归档管理工作机制，记录与归档管理制度是否健全，执行是否有效 资料记录与归档工作内容真实性和完整性审计：关键信息（隐蔽工程验收表、洽商签证单）记录是否及时、记录内容是否真实准确，签批是否完整，关键信息记录是否及时汇总归集（如施工日志、会议纪要等），与协作方（如施工方、结算审核方）之间的档案沟通是否顺畅、是否能及时完整获取并归档 资料档案系统性审计：档案的编目整理情况是否符合规范，资料档案的信息化程度是否达到要求，是否有有效措施保障档案实体和信息安全等

5.10.3 注意事项

（1）审计时，首先关注被审计单位是否有小型基建类项目档案管理办法，是否有小型基建类项目管理部门和档案管理部门；小型基建类项目的档案管理是否遵循事业单位相关规范；项目管理部门是否对项目档案进行了自查并完成了自查报告；是否实行基建档案利用登记制度，及时对基建档案的使用情况进行记录等。

（2）关注项目实施过程中信息记录收集的质量，如在项目前期或执行过程中的信息记录，包括立项审批文件、合同协议、谈判纪要、施工方案等的收集，实施过程中对内容变更、签证记录的收集，以及施工方的来函、协议、备忘录、投标答疑材料等的收集整理，在验收时应及时收集验收报告、质检报告、结算报告等。资料收集人要与施工方、管理方保持密切的联系与沟通，取得他们的信任支持，把自己的被动收集行为转变为对方的主动提供，提高信息记录和资料收集的效率和质量。

（3）关注资料档案记录的真实性和准确性：关键信息的记录一定真实反映当时的业务或管理活动，因此，审计时要关注记录的真实性。例如，变更内容签证，如果只有施工方签字而项目方管理方均未签字的，可以判定为无效签证，不予收集。又如专项业务验收结论，至少应有两位专家给出相同的意见，或者由专业鉴定机构公章认可出具的意见方有效。如果只有一人签字，其公正性、真实性还有待印证。

（4）依据项目实际情况评估归档资料的完整度。小型基建类项目档案原则上越完整越好，但在实际实施过程中，档案记录和收集往往存在较大的困难，尤其是零星基建项目，由于时效紧迫、工期短等原因，并不能实现全体系档案类别的覆盖。针对这类特殊情况，建议采用适用性原则，合理收集留存项目档案，不过分追求其完整度。

（5）关注小型基建类项目资料编目归档的系统性，如按照小型基建类项目生命周期，核查各阶段的管理文件、技术文件是否都覆盖，文件的交接签字手续是否完备；编目规范是否与科研院所档案管理规范一致；文件是否分类、组卷并按顺序排列；卷内是否有文件标号；案卷是否编目；卷内备考表是否按要求填写；案卷是否装订；案卷脊背项目是否填写；案卷是否按顺序排放等。

（6）关注资料日常使用管理的安全性，如收集归档的文件是否为原件；照片、音频、视频和电子文件是否有效，重要文件资料借用归还是否有登记等。

5.11　工程量清单复核审计实务

5.11.1　审计场景

工程量清单是小型基建类项目实施时列示的分部分项工程项目、措施项目、其他项目、规费项目和税金项目的名称和相应数量的明细清单。由分部分项工程量清单、措施项目清单、其他项目清单、规费税金清单等组成。工程量清单需全部列出工程项目及其相应工程实体数量，为完成项目建设任务提供拟建工程的基本内容、实体数量和质量要求等信息。

工程量清单的复核审计主要体现在三个环节：一是施工方投标报价或合同协商过程中，由施工方提供的预算工程量清单；二是在施工过程中，由于主客观条件变动导致新增、改动原有工程分项而产生的变更清单；三是施工完工后由施工方提供的结算清单。

工程量清单需要有造价审核专业背景的人员才可能分辨和识别，而一般的事业单位往往不配备这样的专业人员，因此，单位管理方必须依靠第三方咨询公司或聘请专业人员协助才能完成清单审计任务。对于施工之前提供的预估工程量清单，要重点关注是否存在缺项和漏项；对于施工过程中的变更清单，要重点关注变更内容是否属于约定任务中的深化或延伸、依据是否充分；对于结算工程量清单，则关注内容的真实性、准确性。

在小型基建类项目立项投入测算、零星基建业务结算审核过程中，单位均有成本控制、经济控制的要求，因此，工程量清单复核审计就是通过审查工程量计价清单内容是否翔实，是否与施工图纸相符，清单是否能全面体现建设目标要求，单项控制价取费标准是否合理等，最终达到有效控制总价、提高资金使用效益、促进建设目标实现的目的。

5.11.2　审计主要关注点

工程量清单复核审计主要内容见表 5-11。

表 5-11　工程量清单复核审计主要内容

项目	工程量清单复核审计
审计对象	工程量清单
审计目标	通过对工程量清单的覆盖范围、数量、计价取费等进行复核，关注各项工程计价取费的合规性，检查清单与施工图纸、合同约定的一致性，检查清单标识和编码的规范性，达到成本造价控制、提高资金使用效益、促进项目目标的实现的目的

续表

项目	工程量清单复核审计
审计应获取资料	项目立项审批材料：项目任务书、需求书等 项目施工技术方案：施工投标书、工程量清单、施工图纸、项目执行进度报告等 项目实施状态确认材料：项目进度完成报告、零星工程验收单、结算明细单 项目内容变更材料：洽商签证单、签证实施内容清单、核准审批材料等 第三方咨询方或专业造价师的结算或核准材料 其他资料
审计内容	工程量清单范围与数量偏差复核：审核工程项目覆盖范围是否全面，审核数量、分项是否与合同约定或预算一致，是否有超范围变更增项，对变更的合理性进行复核 工程量清单计价规范性复核：复核专业造价方的审核或结算结果；关注是否存在计算错误的情况，是否重复计算工程量、综合单价是否超高，是否重复计算措施费，评估其合理性规范性 不平衡单价复核：关注工程量清单中是否有分项单价过高或过低的项目（与施工方的投标资料、结算申报资料、造价方的复核结果进行比对，与以前类似结算项目单价进行比对），分析并评估原因

5.11.3 注意事项

（1）如果工程量清单是预估清单，主要用于报价控制，应重点审核工程量清单中的分项内容是否齐全，是否与项目建设预算一致，其范围是否能覆盖项目建设目标。例如，一个展厅的装修项目，要结合展厅所处的位置和基础布局，关注其工程量清单中应当涵盖的最基本的分项工程，包括墙面基础、弱电改造、屋面改造（含吊顶）、灯光设计等，如果分项工程中出现给排水改造这个特殊项，要核定其与展厅项目之间的关联性和必要性，是出于何种考虑提出此分项任务。又如，建筑物外墙防水抢修项目，这个要关注抢修外墙的面积，其清单中应包括基层处置、防水涂层基础、墙面装饰材料贴敷等分项业务，同时明确防水层材质、质量、规格等；尽管审计人员不是专业出身，至少能判断哪些项目是必需的，哪些项目有可能是虚增项，其范围与任务要求是吻合的。

（2）如果工程量清单是结算清单，需重点审核工程量清单中出现的偏差项。审计人员可以翻看施工方提供的投标文件中的预估清单项，对比项目完工后的结算清单项，同时对比造价审核人员提供的结算认可清单，查看同一分项业务中单价、业务量、计费之间的偏差，对比有哪些不同，从中复核审查是否存在虚报工程量、偷工减料、重复计价等情形。此外，审计人员也可以对比施工方报送的结算清单和造价咨询方审价后的清单，对比其中有哪些去除项、审减项，查找审减原因，核定其合理性。例如，我们在审计一个办公用房装修项目时，发现施工方在前期预估工程量时，墙面粉刷面积预估为 1 092 平方米，到粉刷结束时施工方提供结算单粉刷面积依旧是 1 092 平方米，第三方造价公司出具的结算审核结果（结算审核总价扣减 5%，并未认真复核）显示，粉刷面积依旧是 1 092 平方米。这显然不符合常理。审计人员对办公室现场进行了复测，发现墙面粉刷工程量果然有虚报的情形。

（3）审查工程量清单中调价的合理性。国内国际经济大环境的变化导致某些项目中的物料和设备使用费出现价格变化，因此在结算审核过程中，由于国家政策的调整、部分材料价格发生大幅变动导致的单价或总价与合同约定出现较大偏差，经双方认可，可以进行合理调价。审计时关注调价依据的公允性、客观性，调价计算的准确性，调价程序审批的规范性，但发生的人工成本、管理成本等不应纳入调价范围内。

（4）审查工程量清单中的措施费。清单中的措施费是指工程施工前和施工过程中非工程实体项目中产生的费用，由施工技术措施费、施工组织措施费组成。因此，在清单复核审核过程中，要重点关注措施费取费是否合理。例如，某单位有一块土地地面平整施工项目，其工程量清单中已经计取了安全文明施工费，但其中一分项业务中，又单独列示了设立围栏、栏面宣传成本等费用，这属于重复计费。又如，某墙面投影安装工程项目，在清单中已经列示有人工费、综合措施费，分项业务中又列了支架使用费，这也是重复计费。合同没有对措施费进行约定，在增项中可重复收取措施费。因此，审计时要依据项目实际情况关注措施费的合理性。

（5）关注清单中不平衡报价并分析原因。不平衡报价一定是针对相同业务在不同时段、不同单位、不同场景下对比发现的。例如，某单位在园区内要进行绿化补植，招标文件中明确"种植小黄杨（灌木）每平方米不少于 49 株"。某绿化公司投标时，按照每平方米 49 株、单株价格 1.65 元，形成每平方米种植投标报价为 80.85 元。该公司中标后，在签订正式合同时，在附件中将"种植小黄杨（灌木）每平方米不少于 49 株"变更为"种植小黄杨（灌木）每平方米不少于 25 株"，并将单株报价提高到 2.87 元，形成每平方米种植合同约定价为 71.75 元。对甲方来说，每平方米种植价降低了，但实际上与招标文件要求明显不符。投标公司通过减少种植数量、调增单价的方式，反而获得了较大利益。如果管理方审核不严，合同签订后，表示双方对标书内容做出修订并达成一致认可，必然造成项目管理方成本支出与预期目标存在偏差的结果。因此，审计时一定要通过多方对比，对不平衡报价进行分析，查找原因。

5.12 零星基建项目造价控制审计实务

5.12.1 审计场景

在事业单位业务活动中，不可避免会存在大量的维修、抢修、零星基建业务，这一类业务往往存在项目性质不突出、过程不易把控、难以统计量化等原因，影响资金成本的控制质量。对于单位的管理者和决策者来说，成本控制又是首要关注的问题，因此，针对零星基建业务的造价控制审计，就是对零星基建业务中的全成本的真实性合法性进行审核评价，达到控制成本支出的目的，避免出现虚列工程、高估冒算等行为。

零星基建业务的造价控制审计一般选取在业务发生的前后两个时期介入：一是在获取业务实施许可准备进场施工前，对主要施工任务项和概预算规模进行审核评估；二是零星基建业务施工完成后，对施工结算任务清单及结算价格进行审核评估。由于单位缺少基建业务专业核算人员，造价控制审计要借助外部专业人员或第三方专业机构来完成。造价控制审计主要围绕零星基建业务的成本测算和资金支出规模控制的方向展开。

5.12.2 审计主要关注点

零星基建项目造价控制审计主要内容见表 5-12。

表 5-12　零星基建项目造价控制审计主要内容

项目	零星基建项目造价控制审计
审计对象	零星基建业务
审计目标	通过核查零星基建业务的施工任务列表，参考同类工程相似的经济指标和技术指标要求，对零星基建业务的资金支出规模的合理性规范性进行审核和评价，确保在有限的条件下，对业务成本构成的正确性予以把关，提升零星基建业务的管理水平，强化成本控制，提高资金使用效益
审计应获取资料	零星基建业务施工许可相关资料，委托施工协议及合同 零星基建业务实施过程管理资料，现场确认资料等 零星基建业务施工结算依据及证明资料 专业人员或第三方公司相关审核意见 其他材料
审计内容	审查施工前任务列表的细致程度：核查任务实施的依据和必要性，任务支出规模的概算依据，同类业务经济指标和技术指标调研考察结论，对业务实施的应急及风险控制措施等，评估资金成本概算规模的合理性 零星基建业务如果按照总包固定合同价实施，则关注固定总价合同施工范围的符合度及合理性，关注施工总价计取的正确性 零星基建业务先实施后结算、以结算清单和价格作为全部成本支出，故应当关注清单计价规则是否符合国家计价规范，清单项是否与现场施工或图纸标注内容一致，各项取费计价是否合理等

5.12.3 注意事项

（1）审计零星基建业务时，应对施工现场和施工任务进行勘查；事后应对完工现场进行验收检查，以获取第一手客观数据，对施工任务的真实性、必要性、可行性予以印证核查。

（2）零星基建业务实施往往采用固定总价结算，没有清单项，因此，审计时更要结合现场数据、参考同类业务的经济指标和技术指标等经验，结合实施的各类主客观条件，估算固定总价支出的正确性、合理性，以达到成本控制的目的。

（3）如果零星基建业务以清单结算代替施工合同进行费用结算，则以施工清单审核为重点，关注以下几个方面：①清单项是否真实反映了施工内容，是否有无依据的加项、增项、虚列成本；②清单项的计价标准是否与同类业务经济标准相符合，有无虚高的情形；③清单中各量、费、价等是否清晰准确，计算基数和费率标准是否符合规定，计算是否正确；④物耗及材料用量是否符合实际，有无虚增数量或损失浪费的情形；⑤清单支出总价和项目资金概算规模是否存在巨大差异，查找原因，分析可能存在的漏洞。

（4）除了以上业务内容外，审计人员还应关注零星基建业务支出内部控制执行情况，审查科研院所在此项业务上的具体控制措施，如零星基建业务过程跟踪监管的质量把控；零星基建业务支出依据的客观性真实性把控（是否有图纸、申请报告、施工数据等翔实依据）；零星基建业务成本核算的质量把控（是否经过专业造价师、业务管理方、财务审核方多方印证、签字确认）；零星基建业务支付控制的程序规范性把控（各审核方签字是否完整、履职是否到位）。

5.13　零星基建项目管理审计实务

5.13.1　审计场景

零星基建项目由于突发、不可预测等特点，其管理审计应围绕质量、费用等关键点展开，而不应过于追求项目实施过程的时序性、完整性。零星基建项目由于突发、施工期短、跟踪监管时效性差等特点，不具备提前对施工图纸方案可行性、实施路线的经济性进行预审的条件，有时甚至来不及对施工方履约能力进行仔细甄别，因而无法预估投入资金成本的大小。

考虑到时效性的问题，有些抢修或补救项目，施工方会根据现场条件提出一个基本的施工方案，经管理方认可后即开始施工，任务完成后以结算单或签证单的形式结算费用。因此，项目质量受施工方能力、主客观条件制约限制等多种因素影响，而投入成本也可能由于管理人员责任心差、签证审核不细致等造成浪费、失控的后果。

因此，针对零星基建项目的管理审计，要围绕管理主体责任是否落实、是否有相应的应急措施处置机制，是否有规范的结算支付要求等展开，不应局限于程序的时序性及完整性，以确保质量控制和成本控制的有效平衡。

5.13.2 审计主要关注点

零星基建项目管理审计见表 5-13。

表 5-13　零星基建项目管理审计

项目	零星基建项目管理审计
审计对象	零星基建项目实施活动
审计目标	通过审查零星基建项目实施活动是否能落实管理责任，是否有规范的处置应对措施，是否有有效的核算控制工作机制，达到对施工成本的有效把控，促进和改善单位零星基建项目的管理水平，确保施工作业活动合法合规
审计应获取资料	被审计单位基建或维修相关管理制度 零星基建业务发生时预先报备的资料，如维修申报表、施工作业申请单、相关审批单、签批意见等 零星作业施工方提交的资料，包括签证单、工程量清单、施工作业现场确认单、抢修业务完成确认表等 费用支出相关材料，账务凭证、银行汇款凭证等 其他资料
审计内容	对应急抢修等零星基建业务管理工作机制进行核查：检查该业务管理职能是否落实到位，是否有相应的处置规范及程序，管理责任人是否履职有效 对零星基建业务签证及核算管理有效性进行核查：签证事项是否清晰，内容是否翔实，各关联方人员签字是否完整等 对零星基建业务成本核算合理性进行核查：聘请有专业背景的造价师对施工作业任务清单进行复核，关注出具的复核意见是否满足工作要求，复核结果是否严谨准确，管理方是否认可施工方的清单和造价师的复核结果，确认签批意见是否明确完整等 资金支付合规性核查：检查资金支付是否符合内控管理要求，支付手续是否完备等

5.13.3 注意事项

（1）零星基建项目作为被审计单位的一项经济支出项，应纳入单位管理控制范围。常见的情况是单位的管理层并未重视该项业务，在管控体系范围内并未将此项业务纳入其中，没有相关管理规范。在对其管理审计过程中，首先应关注单位是否有明确的主管部门，是否落实相关管理责任。主管部门对零星基建项目的管理成效体现在是否有具体的管理要求、管理措施和管理执行上。零星基建项目一旦发生，需要经济支出予以支撑时，按单位内控管理要求，至少要有维修报备表或者施工业务申请单之类的通告函，表明该项业务执行依据客观、明确、具体、可行。此外，零星基建项目的施工，在时效上属于及时施工，有抢修或赶工的意味，不能事先对施工方案或施工履约情况进行规范的约束，但零星施工完成后，应由管理方明确核定施工完成状态，并对该状态进行签字确认。因此，零星基建项目管理审计首先围绕"管理有部门、责任落到位"的要求关注管理层对基建业务活动的应对措施，核查是否落实相应的管理责任。

（2）零星基建项目完成后给施工方支付相关费用时，应当有相应的支付依据。支付依据可以采用多种形式，包括补充签订施工合同、签署签证单或结算清单等。施工合同或协议是双方就零星基建项目达成一致的经济法律文书，明确双方的责任和义务；签证单或结算清单则是施工作业成本支出最重要的凭证，需要专业人员进行复核结算，管理方签字确认，这也是零星基建项目规范化管理最重要的体现。因此，审计时要围绕"施工有协议、结算有清单"两个必选项来关注业务的真实性、合规性、经济性。

（3）零星基建项目结算审核完成后，到支付款项时需要按照单位内控管理要求履行审批手续；同时，零星基建项目完成后是否形成固定资产，是否纳入资产核算范围内也是审计关注的内容。因此，要围绕"支付要规范、账务清晰算"两个方向，关注零星基建项目款项支付控制是否规范，资产账务核算是否准确完整。

第6章　小型基建类项目内部审计案例及分析

　　以审计发现问题为基础，按相应的结构编制形成审计案例。审计案例是审计成果最直观的一种形式，不但能有效反映出基建业务领域发现的普遍性、典型性、苗头性的问题，而且可通过对照案例，深入查找不足，及时对症下药，全面整改问题，采用自查自纠、举一反三的方法，促进自我纠错能力和水平的提升，在促进法规制度的理解、改进管理、健全机制方面发挥审计的预防性和建设性作用。

　　本章通过系列典型的审计案例为大家展现小型基建类项目生命周期中实施内部审计监督的具体内容，并对每一个环节的审计思路和审计路径加以解读，便于大家对小型基建类项目有直观认识，对审计事项和审计内容有充分的理解和认识。

6.1 小型基建类项目内部审计实施流程案例

审计人员针对小型基建类项目实施的内部审计,是对项目实施过程中的经济行为和经济活动的真实性、合法性、效益性进行独立监督和评价的过程。在组织实施内部审计过程中,需要依据不同的审计对象、审计证据、审计环节制定不同的审计目标,采用不同的审计方法,依据合理的审计步骤,达到预期的审计效果。

内部审计实施流程包括审前策划与准备、审计实施和审计评价与整改三个阶段。

6.1.1 审前策划与准备

内部审计监督机构应结合本单位的管理需要,针对决策层对本单位小型基建类业务问题的认识,以及决策层有意查找疏漏、化解风险的意愿,选取合适的审计项目,明确审计目标,编制审计计划,制定审计实施方案。

1. 选取审计项目,明确审计目标

不同的事业性机构内部小型基建类项目分布存在较大差异,因此,内部审计机构应当根据实际情况判断小型基建类项目的风险,选取最恰当的项目开展内部审计监督。依据"前移监督关口、提示风险、规范管理、促进发展"内部审计工作定位,监督检查小型基建支出业务是否真实、合法,管理制度是否健全有效,管理责任是否有效落实,风险防控措施是否执行到位,查缺补漏,确保资金使用规范,提升单位精细化管理水平。

考虑到事业单位内部审计人员普遍未经历过基建专业学习,审计目标以查找管理漏洞、完善监管流程为主要目标,结合对项目资金使用情况的审计,关注小型基建类项目中是否存在违规投资、损失浪费等舞弊情形。

审计重点从管理和财务两个方面展开,管理审计关注的内容包括：项目先期立项、施工方遴选、合同管理、项目过程管理及执行情况等；财务审计关注的重点包括：资金来源、合同价款构成、进度款支付、变更签证价款核定、结算审核等管理执行情况。

2. 组建审计队伍

为推动审计工作开展，应根据业务量的大小和审计时间要求组建审计队伍，指定审计组长，实行组长负责制。

根据被审计单位的实际，审计成员应选取具有相应业务素质、能胜任审计监督工作的财务、管理人员参加，为提升内部审计工作的威信，审计组长应由单位决策层选定，授权开展审计工作。

同时，为了审计工作顺利推进，审计小组也应积极协调，多方面获得其他管理部门的支持。例如，与基建业务主管部门积极沟通，了解小型基建类项目进展情况、遇到的困难和存在的问题，为审计方向提供线索和思路；主动与财务部门沟通，了解基建资金使用过程中发现的常见问题和解决方式；另外，与综合部门档案管理人员沟通协调，询问基建项目档案管理情况及执行效果。

3. 收集资料及审前调查

审计人员为进一步了解被审计单元及小型基建类项目实施的基本情况，制定切实可行的审计实施方案，应积极收集与项目相关的资料，并开展审前调查工作。

审计组可以通过书面形式提前告知被审计单元准备项目相关资料，并将资料明细清单、资料提供形式、限期时间等一并通告被审计单元；或者也可以根据实际情况，设计被审计单元基本情况表、内控制度调查表、项目进展及施工情况表、项目管理情况调查表等，让被审计单元如实填写，以此进一步了解项目的实施情况。

经翻阅资料和审计调查表，审计小组成员可以判断项目实施过程中的薄弱环节和主要风险，关注被审计单元在内控管理、制度的执行和落实、资金往来跟踪监管等方面，是否存在瑕疵或漏洞，审计实施时应予以重点关注。

4. 编制审计实施方案

在审前调查和预先评估的基础上,审计组应编制审计实施方案。审计实施方案中应明确列示被审计单元名称、被审计项目基本情况、审计方案的依据,还要具体描述审计目标、范围、内容和重点,以及预定工作起止时间、审计步骤及进度安排、审计组成员及分工、项目审计要求及其他内容。

审计实施方案样例

某小型基建类项目资产管理审计实施方案

一、审计目标

按照单位年度审计计划安排,经主管部门批准,审计部门拟对某小型基建类项目中的资产管理开展专项内部审计。审计内容涵盖采购、管理、使用、维护等全业务流程,审计目标是控制项目资金成本,加强资产采购管理,保障资产合理使用,加强资产管理与监督工作,督促实现资产管理的制度化和规范化。

二、审计范围及内容

此次审计范围包括小型基建类项目从立项之初到验收使用期间的所有采购、耗费、结余的实物资产,包括设备、货品、物料等。

审计内容主要针对项目中使用的货品与物料在预算、采购必选、合同签署、验收交货、入库登记、使用消耗、保管维护、余料清点等全过程的情况,检查在资产管理方面的制度设立、执行情况,检查资产核算和资金支付情况,检查资产的使用与管理情况。

三、组建审计组

此次审计由审计机构人员、外聘专业人员、基建管理人员组成。名单如下。

审计组实施组长负责制,审计报告经组长审签后报单位主管部门批准。

审计组负责查阅数据、资料,发现审计问题,编制审计底稿,形成审计建议,汇总审计报告。具体分工如下所示。

四、审计程序

1. 数据收集

由基建管理部门提交项目管理类文件,由财务部门提交项目资金使用支付记录,由资产部门提供固定资产入库记录。审计小组可以编制审计调查表,全面了解项目的运行情况。

> 2. 评估分析
> 　　审计组依据数据、资料、审计调查统计结果等，经审计组集体讨论后，给出初步的风险判断意见，为现场审计发现问题做好准备。
> 　3. 现场审核
> 　　审计组按照计划要求入驻现场审计。入驻时间为×月×日至×月×日。
> 　4. 问题汇总
> 　　审计组对审计发现问题和审计证据进行判读，编制形成问题底稿。底稿需审计人员签名确认。
> 　 5. 与审计单位交换意见
> 五、审计工作要求
> 　　应按独立客观公正的原则进行审计。
> 　　被审计单位按以上要求积极配合，做好审计准备。
> 　　保密承诺：审计人员严守被审计部门的商业秘密，未经允许，接触知悉的所有数据、文字资料、图表等不得提供给第三方。
> 　　加强审计证据和资料的归档保存，确保依据完整有效。

审计实施方案编制要根据项目的实际情况预估工作量大小，将审计重点放在调查评估后的薄弱环节；此外，还要充分考虑审计小组成员的业务能力对审计质量的影响，评估审计风险。

审计实施方案是整个审计工作组织实施的参考依据，方案要围绕审计目标要求确定审计步骤和审计方法，内容要具体、重点要突出、分工要明确。方案应经过单位决策层审议批准后印发实施。

5. 下发审计通知书

方案形成后，要将审计事项安排以审计通知书的形式，告知被审计单元。审计通知书内容应包含被审计项目名称，审计依据、范围、内容、方式，必要的追溯延伸事项，以及审计起始时间和终结时间，并通告被审计单元需要配合的事项等。审计通知书可以让被审计单元提前做好必要的安排，使日常业务活动不受审计工作的影响。

审计通知书样例见表 6-1。

表 6-1　审计通知书样例

被审计单元	
被审计项目名称	
审计范围	

续表

审计覆盖时间段	
拟进场时间	
需配合事项	1. 需要准备资料清单 2. 审计数据真实性承诺书 3. 审计场地及设备要求 4. ……
审计组成员	

审计部门（签章）　　　　　　　　　　　　　　日期：

6.1.2　审计实施

申请准备工作完成后，根据计划进驻日期，审计小组可以进入现场开展核查审计。现场核查重要的就是依据被审计单位提供的各类资料，通过统计、对比、测算、分析、勘验等多种方式，对小型基建类项目运行管理状态及业务实施效果进行符合性测试和实质性测试，以获知小型基建类项目最真实的状态。

1. 管理措施的符合性测试

符合性测试主要围绕小型基建类项目各类管理活动的现状，测试其真实运转状态和内控措施的有效性，判断单位层面或项目层面上管理体系控制风险的作用有多大。主要选取小型基建类项目生命周期中某一控制环节或业务循环，在关键节点上的把关措施是否执行，以获取测试控制证据，记录和评价内部控制测试结果。符合性测试是对单位层面上业务活动实施内控管理有效性进行的总体评价，以确定内部控制的可信赖程度。

2. 项目任务的实质性测试

实质性测试则是针对小型基建类项目实施过程，对其发生的每一个具体事项或业务活动进行证实性测试。通常情况下，小型基建类项目生命周期中每一个关键环节或主要风险点，都是审计人员开展实质性测试的重点。换句话说，每一项薄弱控制环节是最有可能发生失实情形的，有较大概率不能通过实质性测试，因此，审计人员可以此入手检测各项业务的真实性、合法性、可靠性，从而达到审计监督促进完善管理体系的作用。

3. 汇总审计问题，提出审计建议

经过一定数量和覆盖面的符合性测试流程及实质性测试流程，审计人员在审计末期、离场前集中汇总审计发现问题，并以书面记录的形式指出疏漏所在。每一个审计发现的问题均有翔实的数据证据，对问题的定性应与国家的法律法规相印证。为确保审计质量，每项发现问题的记录需两名以上审计人员相互复核，签名后形成底稿。

审计底稿是最终编制审计报告、形成审计结论的直接依据。审计组长要对审计底稿记录的问题进行汇总，查验审计取证是否完整充分，是否存在遗漏事项。此外，在编制审计报告之前，审计组应向被审计单元通报并交换审计意见，包括项目已取得的成绩和经验、审计发现的问题及运行管理中的不足。如果被审计单位提出合理解释或有效依据，审计组认为可以采纳，应在审计底稿中标注被审计单位反馈意见及反馈内容。

在全部汇总审计工作经验、审计意见及确认实施程序符合要求的基础上，可以着手编制审计报告，形成审计结论。

审计底稿样例见表 6-2。

表 6-2 审计底稿样例

编号：

审计项目名称					
参加审计人员					
审计地点		审计时间		分类号	
发现问题					
证据列表					
审计意见					
定性依据					
审计人签名		复核人签名		日期	

6.1.3 审计评价与整改

1. 明确审计结论,完成审计报告

审计人员要围绕审计目标,结合审计底稿发现的问题,编制撰写审计报告。审计报告内容包括总结审计实施过程,披露审计发现问题,发布审计评价意见,提出审计整改建议等。审计报告文字阐述应翔实、严谨、科学、具体,避免出现查证不实或定性不准的情况。

审计报告初稿形成后,还需要单位层面上的审计决策机构予以审阅复核,对审计结论的恰当与否给出批示意见,确保审计报告质量。审计报告形成后,即可签发印制,下发给被审计单元。

2. 督促完成审计整改工作

被审计单元根据审计报告提出的改进建议,在规定时间范围内对审计发现疏漏问题予以整改,并将整改结果以书面报告的形式提交给审计组。审计整改主要围绕规范制度程序、修正经济行为两个方面着重展开,以改促建,进一步弥补疏漏、改进管理。

3. 加强审计结果的应用

针对小型基建类项目的内部审计,从审计准备开始到发现问题,梳理脉络,形成审计结论,提出审计建议,都是一次很好的工作经历和经验的积累。审计组应从中总结思路,汇总形成审计案例,通过研讨交流等方式,强化审计结果应用,不断提升内部审计能力,充分发挥审计监督的实效性,提升科研院所管理水平。

6.2 针对施工方遴选过程开展的内部审计案例

6.2.1 案例基本情况

根据相关审计工作任务安排,某科研院所内部审计部门组织针对三个项目的施工方遴选过程进行内部审计。这三个项目均为屋面防水工程，分别采用公开招标和三方比价两种方式确立施工方。审计时，这三个项目已完工并经第三方造价审核进行了费用结算。相关管理文件和技术文档已经做了归档，表6-3显示了这三个项目的基本情况。

表6-3　防水项目基本情况　　　　　　单位：元

序号	项目名称	招标方式	预算控制价	合同价	送审价	审定价
1	A楼外墙防水维修工程	公开招标	1 166 555.38	1 165 659.07	1 276 654.34	1 084 301.87
2	B楼外墙防水维修工程	公开招标	1 197 516.71	1 177 999.24	1 248 737.67	1 120 955.11
3	C楼屋面防水维修工程	三方比价	190 000	199 034.23	194 471.11	180 075.75

审计重点核查了以上三个项目的立项审批文件、招标文件及评标过程记录、合同签署相关材料，以及工程量清单等附件。由于项目已经结算完成，可从最后完工的相关数据反推前期遴选过程存在的问题，以便更好地予以纠正和改进。

6.2.2　审计发现的主要问题

（1）遴选招标工作不规范，招标文件或中标通知书等时间约定不科学。

通过审核招标文件、投标文件、评标文件发现，A楼外墙防水维修工程管理工作不规范，未严格履行"先审后行"的管理程序。该项目招标发布公告日期为2019年5月9日，开标日期为2019年5月30日，项目内部立项和预算控制价审批日期为2019年5月31日，说明项目存在先执行后审批的情况。C楼屋面防水维修工程与未列入审计范围的另外两个装饰装修项目于2020年6月17日同时比选，三个项目最终选择同一家施工方，三个项目合计预算控制价123万元，比选实施过程存在拆分项目规避公开招标的风险。

B楼外墙防水维修工程的中标通知书显示该项目于2019年5月10日发布中标通知，中标通知书上约定的计划开工日期为2019年4月23日，施工单位未中标而先行开工，前后时间逻辑上不科学、不严谨。

（2）施工单位在投标过程中，存在部分施工子项"低报高结"的情形。

在核查 A 楼和 B 楼外墙防水维修工程项目投标资料和结算资料时，审计人员发现块料墙面新做、隔热层新做等施工子项在合同签订时投标综合单价报价较低，而施工完成结算清单报价时综合单价较高（具体如表 6-4 所示）。因此，这也提醒审计人员要强化审查，尽量避免前后报价不一致的情况，确保投资成本得到合理控制。

表 6-4　施工子项投标综合单价与结算综合单价不一致的情形

序号	项目名称	施工子项	特征描述	计量单位	投标综合单价/元	报审综合单价/元
1	A 楼外墙防水维修工程	块料墙面新做	1. 墙体类型：女儿墙内侧 2. 安装方式：粘贴 3. 面层材料品种、规格、颜色：DTA 砂浆粘贴 6 毫米厚面砖，面砖质感颜色同原楼 4. 缝宽、嵌缝材料种类：DTG 砂浆勾缝	平方米	212.79	249.34
2	B 楼外墙防水维修工程	墙体保温隔热层新做	1. 保温隔热部位：女儿墙内侧 2. 保温隔热材料品种、规格、厚度：DEA 砂浆粘贴 60 厚 B1 级挤塑聚苯板并加层锚栓，每平方米大于等于 4 平方米 3. 锚栓固定 0.9 厚镀锌钢丝，且固定网片的固定件锚入基体的深度不小于 25 毫米 4. DP 砂浆找平	平方米	167.68	206.08

6.2.3　案例分析及经验教训

（1）遴选过程管理不严谨易产生纠纷或不能正常进场等隐患。

施工方遴选是小型基建类项目管理中最重要的控制环节之一，通过市场竞争选择施工技术合格、报价合理、管理规范的施工方，可以有效控制投资成本、规避施工风险。本案例中招标程序未实施"先审后行"的要求，可能造成前期调研工作不深入、与代理机构投标单位之间的沟通不及时、施工准备不充分等问题，加之中标通知内容不严谨导致进场施工时间不确定，为项目正常推进埋下风险和隐患。

（2）加强对施工方投标承诺的履约监督以控制支出成本。

施工方参与竞标时提供的服务及施工标准数据，可以认为是履约承诺，尤其是综合单价报价标准，因此，管理方应加强对施工方履约承诺的监督检查，对为获取利润擅自提升综合单价的行为予以制止，避免出现成本超支的情形。

6.3 针对施工合同关键性要素开展的内部审计案例

6.3.1 案例基本情况

某科研院所园区绿化工程项目，合同约定施工工期为三个月，施工内容为园区内部区域地面平整并进行绿化补植。经三方比选后选取某一家施工方承接该项目，施工方在竞标本项目时按照比选文件标的要求，承诺绿化补植植株为小黄杨，规格高度为 0.8~1 米，补植密度为 49 株/米^2，同时约定保证按工期完工。

该施工方获选成功后，与建设方签订了绿化补植合同。合同文本由施工方起草，在合同附件施工清单项描述中以上承诺内容变更为"绿化补植密度为 25 株/米^2"；此外，双方合同签署条款较为简单，未约定出现意外情况或合同纠纷时应采取何种协商措施和解决方案。

建设方在审核该合同时未仔细阅读合同条款，对施工标准的变更一无所知，按签批流程完成了合同签署。

该项目施工进场后不久，遇到了意外情况：由于疫情防控需要，施工作业任务被叫停；疫情稍缓后，才继续施工。这样，整个施工过程就形成了拖期和赶工两个现象。

工程完工结算费用时，施工方提出了停工期间索赔费用明细：现场管理人员工资、看护人员工资、施工机械租赁费、施工单位管理费、利润、已完工程保护费等。

6.3.2 审计发现的主要问题

(1)项目方针对合同风险管理的控制措施不足,审批把关不严。

以上案例中,施工方私自变更施工标准并隐匿于合同附件清单中,将补植密度由"49株/米^2"变更为"25株/米^2"(表6-5),管理方未进行合同内容的实质性审核,审核把关不严,导致合同主体权利受损。另外,合同条款中未约定出现意外情况(非双方的原因)时的应急预案或补救措施,或者双方出现分歧时的协商机制,导致后期出现停工损失补偿费用时,双方认识不一致,影响合同的执行。

表6-5 重要子项的报价标准变化

来源	高度/米	密度/(株/米^2)	综合单价/元
投标报价	0.8~1	49	749.76
合同标价	0.8~1	25	760.32
结算送审价	0.8~1	25	760.32
审定单价	0.8~1	25	583.40

(2)项目方对施工过程的管理控制不到位,解决分歧不及时。

在因疫情防控出现停工时,项目方就应与施工方进行沟通,就停工问题签订补充协议。根据建设施工规范,施工方停工索赔的情况包括以下几种:①因为发包人单方终止施工合同而造成的工程停工;②因发包人在施工过程中工程进度款不能正常支付而造成的工程停工;③因发包人提出重大设计变更或设计资料不全面造成的停工;④因战争、地震等不可抗力而造成的停工。除了以上四种原因外,合同中有约定需要停工索赔的,按合同约定计算停工损失费用;没有约定的,双方协商解决。由于意外停工既不是项目方的责任,也不是施工方的责任,而合同条款中又没有明确约定,因此,双方需针对损失补偿及时签订补充协议,将损失降到最低,不能到结算支付时才解决这个纠纷。

6.3.3 案例分析及经验教训

施工合同的签订是一项严肃的法律行为，由于施工方是项目方经过多次考察协商评比选定的，因此，合同主要条款的内容应当与项目方提供的招标文件及施工方提供的投标承诺一致。

重视合同的审核审批。各管理部门应对合同内容、施工工期、支付条件、履约保证等内容进行把关，确保合同的所有文字叙述反映双方意愿，同时确保关键性条款覆盖全面，尽量降低可能出现的风险。

强化合同的跟踪管理。对合同签订后履约情况进行监督检查，做好事中审核，在执行过程中及时发现疏漏，通过协商、签证、补充协议等方式，弥补不足，保障任务的顺利实施。

6.4 工程量清单内部审计案例

6.4.1 案例基本情况

某科研院所批准进行某办公楼周边地面和墙面处理工程、内部公共区域维修工程两个小型基建类项目。这两项工程主要施工内容包括楼内吊顶拆旧翻新、墙面涂刷、地面修补等。审计时，这两个项目已完工，并经第三方造价审核进行了费用结算。相关管理文件和技术文档已经做了归档，表6-6显示了这两个项目结算基本情况。

表 6-6　小型基建类项目结算基本情况　　　　　　　单位：元

序号	项目名称	招标方式	预算控制价	合同价	送审价	审定价
1	某办公楼周边地面和墙面处理工程	询价采购	190 000	197 338.57	197 338.57	173 663.06
2	某办公楼内部公共区域维修工程	三方比价	180 000	194 471.11	194 471.11	180 099.92

审计人员重点核查以上两个项目的立项审批文件、合同签署资料、施工验收交付资料及结算审核材料等，重点发现工程量清单中出现的问题，并予以纠正和改进。

6.4.2 审计发现的主要问题

（1）项目相关程序控制不符合内部控制规范要求。

通过资料核查发现，以上两个项目在管理控制上存在漏洞。一是项目合同价超出了预算控制价，未见超控制价的说明和审批材料。二是两个项目遴选了同一家施工单位，两个项目开工日期一致。三是相关资料记录不完整，地面和墙面处理项目结算审核报告中未见施工方的签字确认等。

（2）项目工程量清单数据记录的真实性依据不足。

通过资料核查发现，某办公楼内部公共区域维修工程中墙面修护作业工程，合同签订时预估施工面积 1 162 平方米；施工单位完工后报审结算申报面积 1 162 平方米；造价咨询审核确认后的面积也是 1 162 平方米。从合同签订预估工作量到施工进场作业工作量，以及结算审核工作量完全一致，不符合常理。同样的情形也发生在公共区域维修工程项目，合同预估面积、施工作业面积和结算审核面积均一致。

由于该项目主要涉及墙面粉刷翻新和吊顶更换，便于复核。因此，审计人员根据合同施工范围进行现场踏勘、复核测量，经测量后发现实际粉刷和吊顶更换面积应为 752 平方米（复核测量时对边角突出的、侧方不易粉刷面均给予1.1或1.2增项系数）。结算面积与实际面积存在较大出入，超出实际面积数 30%以上。

（3）未对造价咨询结算审核方的工作进行质量控制，造成工程量审核不严谨导致虚列支出资金的情形。

以上两个项目均经过某造价咨询公司专业人员的结算审核，该审核方未按照委托协议要求，对施工方提供的工程量清单进行核对确认，而是在报审价的总价基础上，统一扣减 5%作为审核结果，造成结算结果失实、虚高的情形。作为项目主管人员，未对咨询公司的工作质量进行把关，履职不当，最终造成资金损失的后果。

6.4.3 案例分析及经验教训

（1）小型基建类项目关键环节的风险控制措施不落地，造成资金损失。

本项目实施过程中,设置了预算控制价,并委托专业人员进行结算审核来加强成本控制,但以上措施未有效执行,控制把关责任不到位,最终造成结算数据失实虚高的情形,支付了额外虚高成本。

(2)过程监管体系不规范,缺少对过程的监督评价和结果的审核把关。

本项目施工方遴选和合同签订过程存在工作质量缺陷,施工过程中未见监管措施,结算工程量清单等重要记录数据没有项目人员或监督人员的复核,结算审核过程也未实施质量监管措施,给项目的资金支付和成本控制带来隐患。

6.5 洽商变更内部审计案例

6.5.1 案例基本情况

某科研院所考虑到Ａ办公楼前地面磨损严重、不平整,并且希望在楼前设置几个临时应急停车位,因此启动路面整修工程项目(表6-7)。该项目主要施工内容包括步道拆除、刨铣路面、平整场地、余方弃置、透层粘层并进行沥青铺设等。审计介入时,该项目已经完工,正在进行结算审核。

表6-7 Ａ办公楼前地面整修项目基本情况　　　　单位:万元

项目	控制价	合同价	送审价	(最终确认)结算价
Ａ办公楼前地面整修项目	9.8	9.5	11.431	6.119 8

审计人员与第三方造价咨询公司紧密配合,重点核查项目合同、施工过程记录资料、结算报审资料,并对已完工的现场进行勘测,获取施工过程回溯的第一手资料。在审计过程中,施工方共提交洽商变更单4份,洽商变更内容涵盖步道拆除、乳化粘层专业人员施工作业、井盖修复、自行车棚拆除等内容。

6.5.2 审计发现的主要问题

1. 签证程序不规范

审计人员发现，此项目负责人并未在洽商变更单上签字确认，签字人为园区物业现场安保人员。经谈话了解，项目负责人未及时在施工现场进行监管，现场巡视由物业安保人员负责，物业安保人员并不清楚项目施工内容，就按施工方要求在签证单上签署名。因此，变更内容未及时进行详细记录，双方未达成一致认可，为虚增工程造价带来结算争议风险。

2. 洽商变更签证内容不合规

施工方提供的洽商变更单内容之一如下："拆除步道砖 200 平方米（含清运），埋地水泥墩子拆除 8 个，施工价格 9 000 元。"审计人员认为，本项目合同中的主要施工内容之一就是步道拆除含垃圾清运，场内拆除、运输、平整、夯实等工作属于合同约定范围内的事项，结算时可以依据现场施工面积、土方量等进行结算，不属于新增作业内容，因此，此项洽商变更作业未予以认可。

3. 洽商变更签证依据资料不充分

施工方提出的另外一项洽商变更内容如下："乳化粘层施工作业新增项 450 平方米"，但施工方并不能提供以上作业相关的依据材料，如有效粘层材料出入库记录、设备使用记录、人员施工作业费用支出记录等，给正确的核算工程量和计价结算带来争议风险。

6.5.3 案例分析及经验教训

（1）建立规范的洽商变更审批程序，科学论证，规范实施。

洽商变更事项的签订是增加小型基建工程项目成本的一个重要途径，因此，提升对洽商变更内容、范围、条件的认识，加强审核、签字确认程序的规范性是降低施工成本、减少舞弊风险最有效的措施。

本案例中，现场监管委托物业保安人员负责，项目负责人未进行变更事项的确认，体现了该单位存在洽商变更内控措施不到位、相关岗位管理的责任和义务不清晰、审批程序有疏漏不规范的状况，需要加以改进和完善。

（2）加强对项目资料重要性的认识。

洽商变更单记录的往往是新增施工项，等同于施工合同的补充协议，是小型基建类项目中最重要的记录材料。在项目实施过程中，要注重合同约定范围以外事项的跟踪、识别、确认和记录，并就以上内容进行规范统计、详细记录并签字确认，全面有效地反映项目施工的过程，为项目结算工作的顺利实施奠定良好的基础条件。

6.6　项目款项使用支付内部审计案例

6.6.1　案例基本情况

某科研院所拟对某办公楼一层二层进行装修改造，其中包括入门大厅、会议室、办公室等，改造内容中除了吊顶墙面地面的粉刷，还包括一层的展厅装饰、会议室照明及弱电和部分投影显示设备的升级等。该项目基本情况见表 6-8。审计介入时，该项目已经完工 80%，尚在尾工实施阶段。

表 6-8　某办公楼一层二层装修改造项目基本情况　单位：万元

项目	实施方式	工程概算	预算控制价	中标合同价
某办公楼一层二层装修改造项目	公开招标	145	120	148.94

审计人员应重点核查该项目立项核准材料、招投标文件、合同签署文件、款项支付凭证等，并与项目管理方、施工方进行沟通，了解施工前后的状态及进展情况，以获取更多的审计信息。

6.6.2 审计发现的主要问题

（1）项目需求和目标不明确，测算不专业，概预算金额差别较大。

审计人员发现此项目在初期申请过程中，项目改造需求调研不够深入，改造论证不具体，预期目标含糊，导致概预算金额差距较大。例如，一层机房线路的改造未明确增容量，改造达到的目标不明确，也未请专业人员测算费用。此外，二层展厅的布置改造未踏勘照明、弱电等的影响，测算费用不准确。项目负责人按经验预估，申请概算费用145万元，管理部门以此为基础申请立项预算额120万元。由于前期测算不准确，在项目实施公开招标过程中，招标发布的控制价就超过了概算金额，实际合同签订价格为148.94万元。合同签订的是固定单价合同，随着结算工程量的确认及后期有可能出现的洽商变更，实际投入成本将高于概算金额。

（2）项目支付进度款依据不充分，测算不准确。

审计发现本项目由于是自有资金支持改造项目，改造内容相对简单，进度款的支付以合同约定比例按照项目负责人确认的工程进度拨付款项。进度款款项支付内容记录过于简单，支付申请中未见施工方提供的已完工事项列表、正在完工事项清单及设备材料安装进度等，现场审计时，施工方和项目管理方均无法拿出施工进度及付款台账明细，进度款支付依据不充分，测算不准确。

（3）会议室设备未按交付使用资产纳入固定资产核算范畴。

审计发现此次项目中为会议室购置的投影设备、移动显示屏设备、数字处理终端等均纳入管理费用核算，直接作为单位运行成本核销，未按照实际用途纳入固定资产核算。以上支出项不能准确地反映项目建设成本实时状况，容易形成账外资产，不符合基建财务核算相关规范。

6.6.3 案例分析及经验教训

（1）项目管理方与财务部门应加强沟通协作，及时完成小型基建类项目基础数据的整理与核对,做到"账实相符"。

项目预算、支出的每一笔费用,都应反映项目实际运行推进的情况,并与项目的每一项耗费状况一一对应,这就要求负责项目实施的管理人员要跟踪记录项目进度情况,掌握项目推进过程中的用料损耗和费用支出情况,并将以上数据及时反馈给财务人员,由财务人员依据财经法规记账核算。此项案例中,管理人员对项目现场跟踪不到位,未建立进度损耗日常数据台账,在项目投资估算、进度款支付核算过程中均没有翔实的支撑依据,账务核算与项目进度不能有效衔接,导致部分业务出现"账实不符"的情形。

(2)在小型基建类项目支付管理过程中,财务监督薄弱,控制措施不力,监督工作有待加强。

小型基建类项目主要基于维修改造、修缮加固等需求,由单位自有资金投入建设,这些项目施工规模较小,一般较少聘请专业监理机构或监理人员对项目施工质量费用进行审核。另外,被审计单位财务从业人员也较少涉及基建核算业务,在财务监管方面缺少有效控制措施。这就给小型基建类项目的费用核算、成本控制监管带来较大困难,本案例中进度款项核算、建安成本核算等不够专业、不够规范就体现出监管措施的匮乏。因此,提升财务人员的核算能力、完善内控监督规范,切实有效加强财务监督,方能杜绝类似事项的发生。

6.7 项目验收内部审计案例

6.7.1 案例基本情况

某科研院所拟对学生公寓 34 个房间(每间宿舍面积约 18 平方米)进行粉刷翻新,项目主要任务就是铲墙皮、耐水腻子打磨、找平、乳胶漆刷新。项目采用直接委托方式,选取常用的施工方进行翻修作业,合同金额为 19.95 万元。

审计时,该项目已经完工验收,全部款项已经支付。审计人员重点查阅该项目立项文件、合同签署文件、项目过程管理文件、验收材料及合同款支付凭证等,尤其关注项目验收环节的记录是否翔实,验收过程是否规范到位。

6.7.2 审计发现的主要问题

（1）小型基建类项目一般属于单位自行设置的土建类项目，对其管理流于宽松，项目的验收并未按一般基建管理要求执行现场查验过程，验收过程流于形式，不规范。

审计人员在调阅验收相关资料时，未见施工方提交的验收申请报告，未见验收方案和验收核准意见等资料，只留存有一张竣工验收单。该验收单上有三人签字，经了解，三位签字人分别是项目负责人、物业安保人员、与项目无任何关系的后勤人员。经与项目负责人核实，验收小组人员没有明确的分工，职责不清晰。审计人员与另外两位物业人员和后勤人员取得联系，经谈话了解，两人均表示并不清楚项目验收的情况，两位人员本人并未参加过现场验收，之所以在验收单上签字，是因为与项目负责人工作上有交集，帮忙签了个名。至于签字单有何意义，两人并不清楚。可见，该项目在验收时并未履行实质性验收程序，验收过程流于形式。

（2）验收内容不真实，相关事项未在存档文本中予以披露。

为查验施工目标完成情况，审计人员对项目记录中的宿舍房间进行实地探访。在探访过程中，项目负责人告知审计人员，其中 523 房间属于翻新范围，但由于该房间堆放物品较多，常年有人居住，不方便腾空进行墙面翻新，因此该房间没有粉刷。审计人员现场查看后该房间确实未实施翻新工程。但在竣工验收单、施工结算明细单等有效文件范围内，并未披露以上情况；同时，在结算报告中也未见扣减相关工程费用的情形。

（3）验收记录过于简单，不符合档案留存要求。

本项目主要完成 34 个房间的粉刷翻新，竣工验收单记录中验收内容为"学生宿舍内部墙面翻新"，项目完成情况为"已完成"。验收记录中缺少施工任务数量、施工内容、完工质量等级等关键信息，验收记录不符合档案留存要求。此外在项目资料查阅过程中还发现，此项目留存档案不完备、不严谨：合同文本没有附件清单，工程量施工记录单中未见项目负责人的签字，未见施工方提交的验收申请和施工报告，施工方提交的结算报告缺少结算清单等。

6.7.3 案例分析及经验教训

（1）由于科研院所基建项目管理队伍不足，小型基建类项目的验收管理可能是单位内部控制的薄弱环节和风险因素。

科研院所针对小型基建业务的管理，在工作机制方面，缺少有效的工作绩效评价和奖惩机制；在制度规范方面，缺少明确的验收程序和验收要求，完工状态现场验收表面化现象严重；单位层面上也未就验收任务实施有效的监督，管理方面存在较大漏洞。

（2）强化对施工方违约行为的披露和约束措施。

验收环节是项目完工情况的最终评价和检验环节，是对施工方合同履约情况的最终考核措施。验收过程不仅仅要检查建设内容、质量、工期等是否按约定标准完成外，还要对施工单位提交的施工文档、结算报告、后期质量保修承诺等进行整理归档，为项目的移交做准备。

验收过程是发现施工方施工内容未达标，或存在合同违约行为最有效的途径。在此期间，应细致考察和验证施工方是否存在质量问题和责任缺陷，按照规范的程序，合理披露违约事实。此外，还应当完善细化被委托方责任条款、拓展分歧解决协商渠道、签署廉洁从业协议等措施，强化对施工方违约行为的约束和惩戒。

6.8 项目绩效内部审计案例

6.8.1 案例基本情况

某事业单位 A 栋办公楼于 2001 年投入使用，办公楼外窗采用金属窗框，以双层加厚玻璃、下悬式推拉式开窗装置（推杆式）为主，为扩大采光面，大部分外窗大小为 0.5 米×1.6 米左右的阔窗型。由于窗户开关较为频繁，使用年限较长，导致部分窗体有下沉现象；另外窗体连接件有损坏,框扇角部密封条老化脱落,影响窗户密封性。针对窗户漏雨、开闭和不严、推杆损坏等引起的维修频率逐年上升,故拟对该办公楼约178个外窗窗体下沉及五金件进行维修,预算维修费用68万元(表6-9)。该项目执行时间为2019年6~8月,审计小组于2022年7月针对该项目执行情况进行绩效审计。

表6-9 A栋办公楼外窗维修项目基本情况　　　　单位:万元

项目	实施方式	工程概算	中标合同价	结算报价	结算审定价
A栋办公楼外窗维修项目	邀请招标	68	71.27	77.94	72.87

为评价该项目完成的经济性指标,审计组从财务数据中获取了办公楼外窗维修日常支出的年度数据,如表6-10所示。审计小组经讨论,认为针对该项目的绩效审计主要围绕以下三项评价指标进行:一是外窗功能恢复度指标;二是维修经济性指标;三是项目管理效益指标。

表6-10 A栋办公楼外窗维修日常支出数据　　　　单位:万元

年份	外窗相关零星维修费用	维修内容	年份	外窗相关零星维修费用	维修内容
2009	3.56	漏雨墙面修补、纱窗更换、更换旋转轴、更换五金件、修推拉杆等	2016	5.87	漏雨墙面修补、纱窗更换、更换旋转轴、更换五金件、修推拉杆等
2010	4.24		2017	4.62	
2011	5.16		2018	5.34	
2012	3.38		2019	0.46	
2013	5.06		2020	0.98	
2014	6.35		2021	1.04	
2015	5.74		2022(上半年)	0.56	

6.8.2　审计发现的主要问题

(1)审计组回溯了项目整体运营过程、施工过程、后期维护使用过程,并获取相关数据,统计得出外窗功能恢复度指标(表6-11)、维修经济性指标（表6-12）、项目管理效益指标。

表6-11 项目外窗功能恢复度指标测算

维修前			维修后		
状态	窗户数量	损害度占比	状态	窗户数量	损害度占比
相对完好，需清洁	28	—	相对完好，需清洁	28	—
有下沉现象，开关不便	42	23.59%	有下沉现象，开关不便	2	1.12%
有渗水漏雨现象	32	17.98%	有渗水漏雨现象	2	1.12%
部分配件五金件需更换	121	67.98%	部分配件五金件需更换	0	0
整体完好率	15.73%		整体完好率	97.75%	

表6-12 项目维修经济性指标测算

项目	日常维修总成本/万元	年限	平均维修率/[元/（年·窗）]
维修前	49.32	10	277
维修后	3.04	3.5	4.88

经维修后，178个窗户功能恢复度由15.73%达到97.75%，达到项目立项预期的目标要求。另外，维修项目完成后，质保期三年，维修完成后的三年内，外窗的年平均维修率成本也达到预期目标要求。

该项目的管理效益指标主要是从项目预算额与合同额的偏差数据中，分析在项目初期进行前期调研、策划、测算等管理工作的质量和成效对经济指标的影响有多大。此外，根据项目预算额与审定额之间的偏差，分析在项目实施过程中进行的成本控制管理措施是否发挥作用，是否将经济指标控制在合理范围内，是否有管理成效等。表6-13给出了项目管理效益指标测算数据。

表6-13 项目管理效益指标测算

预算额/万元	合同额/万元	偏差（+）	偏差分析
68	71.27	4.81%	前期测算核查不够仔细，五金件统计数量不准确

续表

预算额/万元	审定额/万元	偏差（+）	偏差分析
68	72.87	7.16%	对施工过程人工、材料成本预估不足，实施过程有加项，导致成本增加

（2）在绩效审计时，关于评价指标或指数的选取是一个重要环节。评价指数与项目目标契合度越高，绩效审计评价效果越好。有些指标是不能量化的，只能定性分析；有些指标是可以量化的，量化获得的数据越完整，指标测算越准确。

（3）为了更科学地评价绩效目标情况，需要项目实施前期的数据、项目实施决算数据及项目后期运行管理中的相关数据，将项目放置在一个较长周期内，其绩效目标的显示度可能更好。因此，绩效审计除了关注数据的统计、计算、对比外，更应重视分析、识别、评价的质量，分析评价结果也是绩效审计结论的重要组成部分。

6.8.3 案例分析及经验教训

（1）绩效审计是针对已完成的项目，对其策划的目的、执行过程、效益、作用及影响进行系统、客观的分析；通过相关指标的测算比对，关注项目目标是否实现，是否发挥长期向好作用，实施过程中是否存在疏漏，从而汲取经验教训，改进项目决策与管理水平，提高投资收益。

（2）绩效审计的原则本着实践是检验真理的唯一标准，关注审计评价中获得的经验、教训和启示，如何防治绩效审计发现的常见问题，值得认真梳理、分析和研究。

第 7 章　小型基建类项目内部审计成果及应用

审计成果是内部审计机构工作的结晶和价值的体现。内部审计成果的表现形式包括审计发现问题、风险提示、审计建议、问责意见、审计案例等，这些成果可单独运用，也可以审计报告的综合表现形式予以呈现。审计成果运用不仅能扩大内部审计工作的影响力，树立内部审计工作的地位和权威，同时也可以推动单位管理体系的完善，为单位整体的发展和进步创造必要的条件。

内部审计机构应当从审计问题的发现与防治、内部审计管理建议的提示与执行、审计成果宣传及风险文化营造三个方面入手逐步打通审计成果应用渠道，创新审计成果内容和形式，提升审计工作的应用价值。

7.1 内部审计成果的表现形式

7.1.1 审计发现问题

审计发现问题是最基本的成果表现形式，主要集中在发现与规范、准则、要求相悖的事实、活动、行为等。审计发现问题主要围绕业务事实是否真实、业务活动是否合规合法、履职行为是否正确等展开，通过多种途径和渠道找出问题存在的疑点、分析疑点对经济活动行为的影响程度、收集审计证据、求证问题真实性、合规性、合理性。

7.1.2 风险提示

审计发现问题尚未达到事实上的危害程度、尚未形成实质性的危害结果、存在潜在的风险时，应及时给予预警和风险提示。风险提示的目的是将关键环节发生问题的可能性尽量通过系统性程序将其规避，或采取有效措施将风险置于可控制范围内，督促单位形成有效的风险控制调节机制，增强免疫功能。

7.1.3 审计建议

内部审计监督的目的是确保单位法人经济责任的安全、规范和有效。因此，内部审计的方向主要以预防与纠偏为主，在单位综合治理过程中充分发挥咨询鉴证的核心作用，而审计建议就是最能体现咨询评价作用的一种审计成果形式。审计建议重点围绕管理和规范展开，以堵塞管理漏洞、完善程序规范、提高执行效率为目标，督促单位管理层不断改进措施，形成良性反馈的工作机制。

7.1.4　问责意见

无论是经济活动还是科研业务，一旦出现不协调不规范的问题，都离不开经济责任主体行为的表现，以这些行为是否正确履职、是否导致实质性的后果为要件，内部审计机构可以提出问责建议。内部审计机构提出的问责建议主要针对经济责任主体是否应承担责任、是否需开展问责调查，该建议一旦被决策机构采纳，应将问题情况移交问责机构，由问责机构进行后续的调查，确认经济责任主体的问责方式、问责程序等。

问责建议是审计成果的一种重要表现形式，是内部审计机构践行经济行为准则、维护经济秩序、倡导规范审计文化的重要体现，也是彰显内部审计机构权威性的主要措施。

7.1.5　审计案例

审计案例是最直观的一种审计成果形式，在促进法规制度的理解、改进管理、健全机制方面效果最为直接，能有效促进和发挥内部审计的预防性和建设性作用。

审计案例往往具有典型性，通常由审计事实、违规问题、定性依据、原因解读、风险分析、警示提示等组成。针对案例问题，可以提醒单位认真对照查找不足，及时对症下药，全面整改问题，用好自查自纠、举一反三的方法，提升自我纠错的能力和水平。在充分研究分析审计发现问题及产生原因的前提下，通过有针对性的、工作中触手可及的案例启示，推动事业单位健全内部制度，完善绩效评价体系，规范财务收支管理，有效促进堵塞漏洞，解决屡查屡犯问题，切实起到"未病先防""强身健体"的监督效用。以问题为导向，对问题的内容、性质、特点进行剖析，发挥以案释法的引导规范教育功能，从不同角度围绕案例事实、表现形式和适用法规条件进行解释说理，提升科研院所人员的法规意识，为依法履行审计监督职责、增强科研院所制度化建设提供经验和方法。

7.2 内部审计问题的发现及防治

7.2.1 内部审计常见问题表现形式、潜在风险及防治措施

在针对事业单位小型基建类项目内部审计过程中，会发现一些常见的共性问题。为拓宽内部审计人员的视野，提升内部审计人员的能力水平，编写组根据已有的经验，对项目实施不同阶段审计时发现的常见问题进行了逐一归类汇总，并指出这些问题造成的潜在风险及防治措施（表7-1~表7-10），希望审计人员在面对实际工作时，能得到更多的启示和借鉴，为拓展工作思路提供参考。

表 7-1　内控制度审计发现的常见问题、原因分析及防治措施

项目	常见问题表现形式	原因分析及潜在风险	防治措施
内控制度审计	单位内控体系措施不能覆盖小型基建类项目实施全过程，管控可操作性不强	单位决策层对小型基建类项目管理重视不够，未将其列为单位风险领域	健全和完善单位层面上的内控管理规范
	单位审计监管工作机制不健全，对小型基建类项目的审计监督不足	单位内部监督机制尚待完善，应提升内部审计力量，拓展审计覆盖范围	健全完善单位层面上的内部审计监督工作机制

表 7-2　立项决策审计发现的常见问题、原因分析及防治措施

项目	常见问题表现形式	原因分析及潜在风险	防治措施
立项决策审计	项目立项论证依据不足，深度不够	单位对小型基建类项目的建设条件、资金匹配、经济评价分析等准备不足，基础数据不全不实，分析论证不深，影响决策结果	加强前期的调研论证工作，尤其是基础数据的分析和评价，提供决策参考
	项目立项审批程序不完整	单位层面上尚未建立立项审批规范，立项手续不完整	细化完善内控审批流程
	未采取方案优化、预算控制等措施导致项目投资成本超概算	在成本投资测算方面投入力量不足，测算质量不高，项目成本与概算规模存在差距	制定有效举措，通过外聘专家、外包业务等方式提升专业核算能力
	实施方案设计不深入，功能定位不清，目标设立不科学	功能定位未进行评估论证，集体决策意见落实不到位，导致目标设立与项目建设要求之间存在差距	完善事先集体论证和决策工作机制

续表

项目	常见问题表现形式	原因分析及潜在风险	防治措施
立项决策审计	对项目的决策把关监管不到位	未实施有效的监督举措，需进一步完善和细化	完善监督措施

表 7-3　施工方遴选审计发现的常见问题、原因分析及防治措施

项目	常见问题表现形式	原因分析及潜在风险	防治措施
施工方遴选审计	对招标代理机构监管约束条款不明确	未对合同内容进行合规性审核，影响招标代理服务质量	按合同示范文本条款签订服务合同
	招标控制价及工程量清单编制存在漏洞和瑕疵	招标单位工作失误，对项目理解不够，清单编制不准确，易引发投资失控风险	明确对专业机构的委托责任和质量要求，加强复核监督
	对项目招标方式不重视，采用多种方式规避公开招标	建设单位为简化手续，采用肢解项目、化整为零、借名改制等方式，规避采取竞争方式选取施工方	按照国家法规要求确定遴选方式
	施工方遴选程序不符合规定，如比选程序不规范、审批手续不完整等	在遴选施工方的组织管理过程中，工作流程不细致，导致审批手续前后逻辑有冲突，程序不规范	细化完善内控审批流程
	遴选方案（含招标文件）不严谨，存在清单有错漏项、风险范围不明确、质保期约定不合理等情形	对遴选文件、招标文件重要性认识不足，缺乏有效的审查机制，审查不到位	完善监督措施
	遴选资料、招投标资料归档保管工作欠规范，资料保存不完整	档案管理要求不明确，档案工作督查不到位	完善内控管理要求和措施
	单位层面上对遴选过程缺乏内部监督审查措施，监管不到位	内部审查监管机制不健全	完善监督措施

表 7-4　合同文本规范性审计发现的常见问题、原因分析及防治措施

项目	常见问题表现形式	原因分析及潜在风险	防治措施
合同文本规范性审计	施工合同内容要求与招标文件不符，合同条款不全面，遗漏重要性内容	合同未进行合规性审查，合同审核过程未达到实质性审查目的	按照规范性合同文本签订合同

续表

项目	常见问题表现形式	原因分析及潜在风险	防治措施
合同文本规范性审计	合同签订程序不规范，审批记录不完整，合同签订后未交底	合同签订应符合单位内控管理要求，施工合同签订后，要与施工方就合同内容进行现场沟通，明确施工任务及质量要求，履行交底程序	与施工方开展实质性的沟通和交流
	合同价款构成缺少数据或附表，合同附件不完整	未能采用细致规范的合同范本	细化完善合同管理规范
	合同权利与义务条款存在明显差异，不利于合同的执行	合同架构设计及编制不规范，会签审查过程存在疏漏	加强对合同合规性的复核审查
	合同用语概念模糊，不科学不严谨，缺少风险预防及解决条款	合同风险意识不强，应事先规范合同用语，增加风险控制措施	加强对合同合规性的复核审查

表7-5 款项支付审计发现的常见问题、原因分析及防治措施

项目	常见问题表现形式	原因分析及潜在风险	防治措施
款项支付审计	工程预付款合同约定不规范，支付及扣除规则不够清晰	合同付款合规性审核不到位，条款内容不具体	加强审核控制执行情况的监督检查
	工程进度款依据不真实不完整	工程量核算不准确，与工程进度管理结合不紧密	加强复核测算数据的监督检查
	未完成预定工程提前申请支付进度款，造成进度款超付现象	未严格按照合同约定支付进度款	加强审核控制执行情况的监督检查
	款项支付审批程序不规范	支付控制措施执行不到位，约束控制效果不理想	加强内控管理措施执行情况的监督检查
	支付控制监管措施不足，未建立日常监督与问题反馈机制	内控监督措施实操性不强，落实不到位	加强内控管理措施执行情况的监督检查

表7-6 施工内容变更审计发现的常见问题、原因分析及防治措施

项目	常见问题表现形式	原因分析及潜在风险	防治措施
施工内容变更审计	项目负责机制落实不到位，岗位履职不尽责	单位对小型基建类项目管理不重视，缺乏对业务监管的激励举措	细化完善岗位目标管理责任制
	施工合同中关于洽商变更的条款缺乏限制性约定，执行过程存在漏洞	合同未进行合规性审核，合同范本质量有待提升	加强对合同合规性的复核审查

续表

项目	常见问题表现形式	原因分析及潜在风险	防治措施
施工内容变更审计	施工过程增加增项内容或减项内容，确认程序不合规，随意签证	内控管理措施不足，现场监管不严格	细化完善内控审批流程，加强对内控管理执行过程的监督检查
	洽商变更内容不具体不准确，与实际不符；填写不规范，计算依据不足	内控管理措施不足，专业测算能力有待提高	细化现场监管程序要求，加强过程监管
	新增项综合单价未参照原有合同单价执行，失真或高于市场价	内控管理措施不足，对施工方履约质量把控及约束措施不到位	加强对外协商的过程监管和履约质量的监督检查

表 7-7 货品、物料采购与管理审计发现的常见问题、原因分析及防治措施

项目	常见问题表现形式	原因分析及潜在风险	防治措施
货品、物料采购与管理审计	物料采购价与暂估价不符、货品采购数量与合同约定不符，未经建设方确认	前期资料不完善导致未明确关键材料的档次及品牌	加强到货验收管理
	项目用货品及物料计划管理不到位，易造成超量采购或缺量采购的情形	对项目进展与施工期物耗测算预估不足，应对不力	加强计划管理和过程跟踪
	货品或物料的验收流于形式，验收记录不翔实，质量把关不严	现场管理能力不足，管理规范有待细化和改进	细化完善现场监管措施，加强监督检查
	货品或物料出入库登记不及时，随意借用，库管记录数据不准确	现场管理能力不足，管理规范有待细化和改进	细化完善现场监管措施，加强监督检查
	货物或物料仓储管理不规范，随意摆放标识或标识不清，易产生安全消防隐患	现场管理能力不足，管理规范有待细化和改进	细化完善现场监管措施，加强监督检查

表 7-8 现场监管审计发现的常见问题、原因分析及防治措施

项目	常见问题表现形式	原因分析及潜在风险	防治措施
现场监管审计	施工现场负责人与合同约定不一致，现场设备投入与投标承诺不符	施工单位节约人力成本和设备成本，以少带多，为偷工减料创造条件	与施工方开展实质性的沟通和交流，细化完善现场监管措施

续表

项目	常见问题表现形式	原因分析及潜在风险	防治措施
现场监管审计	未建立沟通协商机制，遇到分歧问题无法及时解决	项目工作推进协调机制不健全	与施工方开展实质性的沟通和交流
	现场管理没有进度计划，未建立过程跟踪管理台账	单位管理力量薄弱，管理能力不足	细化完善现场监管措施
	隐蔽工程验收规范不细致，易造成投资成本增加	隐蔽工程验收要求不具体，未及时记录确认，验收依据不完整	细化重要事项记录审批要求
	建设单位对施工单位的违约行为缺乏必要约束措施	合同违约条款不够清晰有力，不易于执行	加强对合同合规性的复核审查
	单位未对小型基建类项目进行监督授权，过程监管措施不到位	单位未建立督查反馈工作机制	完善监督措施

表7-9 验收管理审计发现的常见问题、原因分析及防治措施

项目	常见问题表现形式	原因分析及潜在风险	防治措施
验收管理审计	项目实际未全部完工提出验收申请	施工单位为早点回款，个别分项作业任务未完工而提前申请验收	加强对项目建设过程的质量把控
	项目验收事项不具体，现场验收流于形式，易导致出现项目质量问题	对小型基建类项目验收不重视，现场验收程序不规范，导致验收质量不可控	细化完善验收程序和要求，加强执行过程的监督检查
	验收记录签字不及时，记录内容不准确，存在收齐后补现象	内控管理不到位，规范措施不细致	细化完善内控审批流程，加强对内控管理执行过程的监督检查
	项目完工后未按合同约定预留保证金，结算后全额支付了工程款项	未严格按照合同约定支付相关款项，没有预留保证金	细化完善资金支付的稽核和检查措施，加强监管
	项目验收档案归集不到位，移交滞后	单位内部缺乏针对小型基建类项目的档案管理制度，档案归集不及时，档案业务不熟练	细化完善资料收集规定的内容、程序、管理要求，加强过程管理

表 7-10　结算复核审计发现的常见问题、原因分析及防治措施

项目	常见问题表现形式	原因分析及潜在风险	防治措施
结算复核审计	结算审核委托方选取考察不充分，结算审核方资质能力不过硬	结算审核方专业资质不足，影响审核质量	加强对委托方的资质审查及履约质量的监督
	结算审核委托合同签订违约责任不明确，欠缺有效的违约追溯惩处措施	未履行合同合规性审核，存在扯皮推诿纠纷风险，可能增加履约成本和直接成本	建议制定并启用规范性合同模板，加强合同关键性条款的审核
	施工方提供的结算资料不完整、不真实，结算金额不准确	施工方关键性过程记录不翔实，结算数据编制质量不高	细化完善过程监管措施并加强执行情况的监督检查
	施工合同中关于结算条款不严密、不科学，双方对结算内容理解不一致，导致结算金额难以确定	对施工合同未实施合规性审核，合同范本质量有待提升	建议制定并启用规范性合同模板，加强合同关键性条款的审核
	结算内容和范围与实际施工内容不符，存在增减项或工程量计价不准确的情形	施工方认为建设单位对现场情况不了解、审核结算力量薄弱，通过重复签证、虚增工程量等方式，增加结算价款	加强对结算审核过程的质量监管
	结算款中未计入剩余货品和物料的处置费用	结算审核与现场物料管理数据对接不畅	加强对结算审核过程的质量监管
	项目验收后，项目中形成的设备资产未纳入交付使用资产核算	小型基建类项目中资产意识不强，基建转资产账务核算不规范	加强资产核算，加强针对财务管理的稽核和过程监督

7.2.2　掌握内部审计问题发现的质量控制方法

发现、整理、归纳产生的审计问题，是审计工作最直接、最基本、最核心的成果表现形式，是审计成果应用的主要依据。审计人员对风险点的精准识别、审计线索和问题的及时发现，是提升审计成效、确保审计质量的前提和基础。

（1）通过征询访谈等方式获取审计线索。以被审计业务部门项目直接负责人、分管负责人、施工方现场负责人、结算审核业务负责人等作为征询对象，通过调查问卷、函件征询、现场访谈等方式，对关注的主要问题和核心内容以不同角度、不同形式提出询问，从而多

角度了解被审计项目的背景情况及评价，以及项目管理中存在的问题线索；在相关数据、记录等核查中佐证线索疑问，从而精准发现问题。

（2）通过单位内控规范的薄弱环节入手发现审计线索。单位或部门内部控制措施是项目实施监管、约束的主要依据和参考规范，内控管理措施执行的有效性差异对项目的绩效指标有显著的影响。内部审计人员应结合内部控制制度至财务核算流程，通过某一具体业务项的符合性测试，以点带面，查询管控措施是否有效实施，如不相容岗位职务设置与控制、项目人员职业素质与胜任能力、采购与招标管理程序的完备性、合同管理的严谨性、现场签证管理运行的有效性、工程结算及财务结算管理的程序完整性与合规性等，发现其中的薄弱环节，测试其内部控制的有效性进而确定其内部控制的可依赖程度，对审计预期、计划、重点做出基本判断与安排，从而获得审计线索。

（3）运用逻辑推理查找和发现审计线索。任何项目或业务的产生、发展、结束都有其内在的联系和逻辑性，内审人员在日常审计中要善于将审计材料与信息进行积累与整合，建立审计问题梳理架构，将相关性事项初步归类，通过进一步辨认与识别，排除干扰因素，抽离出问题和现象间的因果线，将问题和现象纳入逻辑视角，进而发现重要问题线索。

（4）通过资金流向梳理排查发现审计线索。以资金流向为导向实施审计是内部审计人员常用的审计技巧之一。以资金单链条为脉络，追索项目中每个环节中程序是否达到付款的阈值。付款时间、频次有悖于约定付款点时，就会出现资金的"跑、冒、滴、漏"经济行为，使建设资金投入偏离预期目标或在重要节点上未达到专用目的，最终损害资金使用者（即投资者）的利益。内部审计人员通过确认项目预算（即合同额）资金总量、确定资金流转环节、审查资金流转环节安全性、审查资金流转时间性及节点性、确认资金流转末端的完整性、测试资金使用的合规性及合法性等方式，获得审计问题和线索。

（5）通过求证假设发现审计线索。带着审计问题与结果猜想去实施审计，是工程审计中最见成效的审计方法，其高效在于内部审计人员可以带着假设与方向去有的放矢地收集相关审计证据。内部审计人员主要通过资料核查，评估被审计项目的经济活动行为，找出内控的薄弱点、问题存在的疑点，分析疑点对经济活动行为的影响程度，重新确认审计重点、收集审计证据、求证问题真实性。

（6）通过借助专业人员的力量发现审计线索。内部审计人员由于其自身专业能力的局限性，对审计以外的领域缺乏更为深入的有关技术指标、行业准则的了解。对应到小型基建类项目，专业性技术指标如工程造价、洽商变更、现场实地复测或复验等往往造成跨行业理解障碍。因此，在关键环节借助工程方面专家的技术支持是必不可少的，借助专家现有的资料对比技术指标或远程咨询了解不擅长领域可作为外部专家辅助的程序。不同于社会审计，内部审计的报告中可出现专家踏勘等相关字眼，并可由出具报告的工程类结算审价公司对复测、复验结果出具报告，但需重点提及的是此类结果报告仅作为优化内部审计成果的方式，不可作为事后追款或法律纠纷的关键性证据。

7.2.3 提升审计案例对审计问题的启示效应

通过汇总归纳事业单位小型基建业务领域生动鲜活的案例，在充分研究分析审计发现问题及产生原因的前提下，通过有针对性的、工作中触手可及的案例启示，推动科研院所单位健全内部制度，完善绩效评价体系，规范财务收支管理，有效堵塞漏洞，解决屡查屡犯问题，切实起到"未病先防""强身健体"的监督效用。例如，审计过程中发现刚施工完的回填区域经雨水冲刷后局部出现凹陷、坍塌，需要整改的就并非工程缺陷本身，而是需要进一步探究整个工程质量管理环节的漏洞。通过回查施工方工程量清单、回顾现场记录关于质量问题施工段的现场监督情况，以及判断回填沙土的工艺及质量，甚至追溯至采购阶段的材料质量把控等，确定此过程中工程质量过程管理监督措施不到位的问题，对内部管理问题缺陷予以分析披露，从根源问题、根源环节进行整改。

通过案例解读，以问题为导向，对发现问题的内容、性质、特点进行剖析，发挥以案释法的引导规范教育功能，从不同角度围绕案例事实、表现形式和适用法规条件进行解释说明，提升科研院所人员的法规意识，为依法履行审计监督职责、增强科研院所制度化建设提供经验和方法。

7.2.4 强化审计发现问题有效防治的积极效果

以审计问题和审计结果为契机,有针对性地提出防治措施,可以从体制机制上达到改善管理、提升效率的目的,同时从经济上真正达到减少浪费、避免损失、提升资金使用效益的效果。

(1)审计发现问题的防治有利于促进小型基建类项目管理的规范化。例如,针对审计归档资料问题,主要防治措施就是依据小型基建类项目实际情况,进行分级管理,按照分级要求规范项目过程的记录,完善内部资料台账。项目资料的质量极大程度取决于项目负责人的工作细致度与专业性。内部审计过程可促使项目建设单位(部门)明确其职责范围内的项目、相对固化相关资料保存类型,使得各水平的项目负责人有标准化依据可参照。同时内部审计人员在参与小型基建类项目审计中可切身感受该类项目的灵活性和多样性,各类项目有不同的关键环节验收资料,了解、学习、分析、探讨、判断重要性资料的类型及保留方式。管理方应设置专人对具备归档条件的项目进行集中归档,并建立明确分类台账,以应对各类专项审计的资料抽调及优化自身的项目闭环管理。同时在有效时限内复查、回顾项目是否存在关键性资料的遗漏,及时补救或做相关可替代程序,进而提升整体项目管理水平。

(2)审计发现问题的防治可以提高小型基建类项目多部门衔接管理与运行的有效性。小型基建类项目的运转活动是项目管理活动开展的基础,资金支付以项目运转活动为依据、以管理活动为印证;资金支付的结果有可能以材料或资产方式延伸,而内部审计就对以上整个链条活动进行督查测试。因此,通过内部审计可以督促项目方在财务管理方面建立健全单位小型基建类项目的会计核算制度与财务规定,配置专人专岗进行项目会计核算,对照相应口径设置会计科目。核算应严格拒报在核算中与预算、概算无关的挤占工程成本的管理费、招待费、多列材料费、利用关联方虚列或高计成本。在督促资产管理方面要明确界定资本化与费用化的小型基建类项目范围,对构成资本化的项目从预算期开始就纳入单独核算管理模式。将构成资产价值增益的改造项目原始资产转入在建状态,将后期附加值计入,项目正式验收后转入新的固定资产价值。在建设资金及物料核算管理方面，内部审计督促将结存资金、剩余物资及时纳入单位账务或实物管理体系，防止形成账外资产、资金或避免出现物料遗失、漏计等情形，或产生物资遗失、形成呆滞变质物资的情况。在督促项目管理方面强化风险控制，制定预防措施，加强落地执行，提升管理水平。

（3）审计发现问题的防治有利于降低项目投资成本，控制投资风险。内部审计作为项目的一部分，不仅能更好地发挥自身的功能，更能密切联系建设系统的各方面，进而产生新的、更优的整体功能，促成更大层面的整体目标的实现。内部审计人员通过定期定量地审计财务、工程结算，有效地制约项目管理人员的成本控制超额及施工单位施工过程"加价不加量"，从而达到成本控制的目的。例如，内部审计人员通过现场踏勘能够有效观察施工物资及人员的进出，关键人员的到岗情况，设备安装调试及动土作业情况；可以及时对现场的变更事项有效审计，对签证单、验收单、进货单及隐蔽工程封盖前情况进行审计，进而降低因不实际了解情况而带来的检查风险，同时也为项目被审计的各参与方树立监管概念，达到制衡目的，一定程度上减少项目参与人员腐败侥幸心理。

7.3 内部审计管理建议的提示与执行

内部审计机构在针对小型基建类项目实施审计的过程中，除了在建设资金投入、成本核算等方面提出审计意见外，更多的是针对单位内控管理制度的改进和完善提出建议。审计建议往往以发现问题为基础，在管理或监督层面上提出改进措施，以便形成长效机制，避免类似的问题再发生。

7.3.1 内部审计常规性管理建议及执行条件

编写组根据已有的工作经验，按照项目实施不同阶段对内部审计管理建议进行了归类汇总，为改进管理措施、提升基建项目管理水平提供参考（表7-11~表7-13）。

表 7-11　项目立项或准备阶段内部审计常规性管理建议表

项目	适用对象	审计管理建议	执行条件
立项阶段或准备阶段	项目用户方、项目管理方	加强项目前期的准备性调查工作：准确捕捉项目目标、范围、规模、施工条件、用户需求等信息；对与该项目相接近或类似的、全面的基础数据进行分析评估，并将其作为决策参考、立项依据	根据项目的重要性程度，确定此项工作的深入度和细致度
	项目管理方	项目中专项业务的评估测算需要借助有资质的工程咨询机构或人员进行，委托任务需明确具体，确保咨询服务能起到实质性的作用	根据单位管理需求、工作需要及管理能力水平等因素酌情实施
	项目管理方	明确项目实施管理程序及责任分工：包括项目实施中各负责人应承担的责任范围、各类事项请示批准程序、重大事项集体决策程序等	参照单位内控管理要求及项目实施的重要性程度，选择适度的、有效的、可落实的规范流程，予以细化明确

表 7-12　项目实施阶段内部审计常规性管理建议表

项目	适用对象	审计管理建议	执行条件
实施阶段	项目管理方	在项目实施过程中，管理方应站在责任主体的角度，梳理与项目用户方、施工方、供货方、监督方、咨询服务方、结算审核方等之间的业务关系及接口，明确各方任务标准与要求，建立日常联络配合工作机制，畅通协调沟通渠道，强化责任共担意识，为项目顺利实施奠定基础，降低项目管理风险	依据单位管理要求和实际工作需要，适度组织实施
	项目监督方	内部审计部门（或人员）在小型基建类项目管理过程中应定期对内部控制体系的有效性进行评价和监督，参与项目关键环节的过程监督，建立问题反馈机制，在防范和降低内控风险方面发挥实质性作用	根据单位决策管理需求、监督部门业务开展情况酌情实施
	项目管理方	加强对项目内部各级负责人管理程序执行情况的检查和督导，落实管理责任，确保各项程序有效实施 在业务接口范围内，加强对施工方、货品物料供应方、咨询服务方、结算审核方等履约过程的协调与督导	根据单位内控体系框架要求落实管理责任，履行管理职责

续表

项目	适用对象	审计管理建议	执行条件
实施阶段	项目施工方	进场前,与项目管理方紧密配合,明确管理需求,确认实施标准,做好交底沟通 进场后,与管理方、监督方有效对接,落实项目任务,承担合同履约责任 任务实施过程中加强协调、交流、确认,做好关键环节重要业务变化的实施核准记录	在施工合同中应明确履约责任,根据实际情况在现场监管中明确施工方与管理方业务接口
实施阶段	咨询服务方	与项目管理方紧密配合,明确管理需求,确认实施标准,落实项目任务,承担合同履约责任 严格按照国家咨询服务法规相关计价规则、取费原则、执行标准等完成咨询服务	在服务合同中应明确履约责任,根据实际情况加强监管检查
实施阶段	货品供应方	与项目管理方紧密配合,明确管理需求,确认实施标准,落实项目任务,承担合同履约责任 严格按照合同约定供货规格、数量、质量标准、交货日期等完成货品供货服务	在供货合同中应明确履约责任

表 7-13　项目完工验收阶段内部审计常规性管理建议表

项目	适用对象	审计管理建议	执行条件
完工验收阶段	项目管理方	对外,项目管理方做好各项任务的组织和实施工作:包括组织项目的验收、项目的档案归集、项目结算或决算等	要根据项目重要性程度和内控管理要求,合理设置验收程序、档案细致度要求
完工验收阶段	项目施工方	完工后,施工方与管理方、结算审核方有效对接,落实后续资料交付、结算核定等任务,承担合同履约责任	在施工合同中应明确履约责任,管理方应加强对施工合同履约质量的检查评估
完工验收阶段	结算审核方	与项目管理方紧密配合,明确管理需求,确认实施标准,落实项目任务,承担合同履约责任 严格按照国家结算审核法规相关计价规则、取费原则、执行标准等完成项目的结算审核服务	在服务合同中应明确履约责任,项目管理方应与审核方密切沟通,共同讨论完成结算任务

续表

项目	适用对象	审计管理建议	执行条件
完工验收阶段	项目管理方	项目管理方和单位的资产方、财务方通力配合，在项目完工后按照相关制度正确划分资产、加强会计核算，准确划分项目支出性质，对项目形成的固定资产加强核算，计提折旧	根据单位组织运行模式和内控管理要求实施
	项目监督方	内部审计监督部门（或人员）应加强针对资金支付等关键环节的跟踪监督，并依据项目监督中发现的问题，通过组织整改、警示宣传、教育培训等方式，提醒从业人员吸取教训，提升管理效能	根据单位管理需求和能力水平等因素酌情实施

7.3.2 内部审计管理建议落实的几种有效措施

（1）建立小型基建类项目施工类合同、代理服务类合同、结算审核类合同规范性合同文本。目前，各地区基建行业均有通用的标准合同文本，这种标准合同文本中的主要内容经过多轮审核后形成惯例，在合同履行中尽量让双方有一致的理解以减少争议的发生，即使双方对合同条款有争议，也会得到权威的解释和解决。另外，标准合同文本涵盖内容全面，尽可能将所有的接口事项罗列其中，能保证合同执行过程中依据的完整性。由于小型基建类项目的特殊性，为了工作便利性和规范性，单位管理部门可以直接使用地方推荐的标准合同文本签订委托合同，也可以根据单位内控管理要求及小型基建类项目的特点，以标准文本某些关键性条款为模本，仔细推敲，结合项目的实际情况就关键条款的实施意愿进行补充约定，明确细化双方责、权、利，使内容约定更加科学具体，避免发生争议。

（2）建立施工单位供选库。小型基建类项目基于业务的庞杂性、金额跨度较大、施工诉求的紧迫性，需要在短时间内组建相对专业的施工团队开展作业。尤其是零星基建业务，因为工期短，涉及资金较少，结算周期相对较长，在比选及邀标等程序发出后时常无专业资质公司响应。那么，在项目准备的前期过程单位项目负责人就要耗费大量时间，把精力用于遴选相互认可的合作伙伴。部分单位选择了将业务按照类型划分成不同的业务包（标段），将批量具有资质的单位遴选入库。这样，在业务响应阶段建设方与施工方就可建立一定的信任关系，入库单位有机会承担金额较高的项目，也会考虑良性业务关系的维系去接受金额较小的零星基建业务。在此过程中，建设单位项目管理部门及人员仍需时刻保持业务警惕，避免在日常合作中使一些业务首选建设单位产生优越心理。同时需要及时更新供选库的信息，包括对方资质的变化和对方单位新生的诉讼事项等，强化入库单位的审核与退出机制。

（3）根据小型基建类项目的规模及重要性程度灵活选取施工预算价款计价方式。以零星基建业务为例，由于施工任务细碎，工期很短，可以根据项目的实际情况以"一口合同价"的计价方式进行约定，也可以经特殊核准程序，先施工后以"工程清单"的方式协议计价。施工任务稍微复杂一些的项目，也可以采用固定总价方式进行计价约定，避免了过程中新增施工项或变更施工工艺的增额，从而锁死结算审价的空间，简化结算审核工作。一般情况下，小型基建类项目均可以采用综合单价方式进行计价约定，结算时重点审核分部分项的工程量，最终确定结算额。无论以上哪种情形，都需要管理方根据单位项目负责人的业务水平、人员配置及项目管理质量情况等综合因素，选取最合适的计价方式。

（4）在小型基建类项目中加强资产核算和经济效益的提升。小型基建类项目也可以被视为一种实有资产投资行为，对小型基建类项目实施过程开展内部审计，尤其是对项目中支出占比较大的物料或设备采购、出入库管理、耗费使用、余料处置等进行监督检查，核实有无闲置浪费、擅自处置等，检查资产是否合规入账，能有效改善资产管理，促进资产保值增值。此外，可针对资产的内部审计着眼于运用科学有效的审计数据来反映基建管理业务的运营情况，增加监管小型基建财务支出的力度；通过审计监督，也可以运用科学的方法评估项目资金使用实施的各个环节，梳理出该项业务运行中客观完整的数据，通过有效举措实现较好的财务控制，节约管理运行成本，避免收益流失。

7.3.3　内部审计管理建议的局限性

区别于国家审计及社会审计，小型基建类项目审计的主体为单位内部内审部门，其审计的内核为对小型基建类项目财务收支及其经济活动进行核查，查明其真实性、合法性、有效性，并提出建议和意见的一种经济监督活动，属于提升管理效益的一种管理行为。由此可见，内部审计的主要关注点在预防与纠偏方向上，其目标责任是优化法人主体内部的效益，而非使用内部审计结果直接作用于外部的经济关系，或者运用审计结果对严重违规、违纪现象进行直接查处。这就需要内部审计机构和从业人员站在单位法人的视角下开展审计监督工作，对从业资格、从业能力、内部审计业务的开展、参与管理和监督的范围均有较高的要求。受限于从事此项工作人员的专业能力不足、在机构中参与监督管理的范围不够广泛等原因，审计建议更多地给予单位决策层和管理层一些可操作的措施以供参考，不可避免也会存在主观性或局限性，审计建议也是内部审计部门与管理部门相互学习、相互促进、共同进步的有效途径。

7.4 内部审计成果宣传与风险文化营造

7.4.1 内部审计成果宣贯渠道及表述方式

内部审计成果宣贯常用渠道列表见表 7-14。

表 7-14 内部审计成果宣贯常用渠道列表

审计成果形式	宣贯渠道	宣贯对象	表述方式	目的和效果
审计问题	审计交底见面会、审计报告初稿评议会、管理协调会等	业务人员、管理人员	问题反馈单	揭示问题与疏漏，促进问题的整改落实，改进管理
审计问题管理建议	管理层或决策层例会、集体决议研讨	管理部门、决策部门	审计报告、审计建议书	在单位层面或制度层面提出改进建议，督促完善工作机制
问责意见	决策层例会	决策部门、上级单位	问责报告	对发现的舞弊行为予以制止、惩戒
风险提示审计案例	警示学习会、案例通报会、内部交流会	全体业务人员、管理人员	风险提示函、审计通报	向业务人员、管理人员提示风险，强化警示宣传，提升规范意识

内部审计成果的宣贯从三个维度进行考虑：一是向决策层报告，

将审计相关数据、问题、建议等报送给决策层，供其参考。二是向管理层建议，将审计问题发现和风险评判依据等解释给管理层，提出改进建议，以获得管理层的认可和支持。三是向基层警示，将核准确定的问题和疏漏以风险提示、警示教育等方式传达给基层，提升从业人员的规矩意识，营造良好文化环境。

7.4.2 以提升管理目标为核心促进审计成果应用落地

（1）以审计问题的整改为契机，将审计整改情况与管理目标责任制挂钩，从根本上解决整改不力、屡查屡犯等问题，巩固审计成果。审计整改通过举一反三查源头、抽丝剥茧寻疏漏、全面疏堵控措施等系列工作，将进一步前移审计监督关口，提升审计整改效率和增值服务能力。

（2）坚持以问题为导向，紧盯重点业务和风险领域，开展专项审计，将审计成果应用向推动管理流程优化和内控机制完善的方向上发展，促进管理精细化水平的提升。

（3）以审计监督工作为基础，建立风险管理体系，畅通风险信息传递通道。审计监督机构发现各类业务或管理活动中出现的风险隐患，应及时识别、跟踪、分析、研判，并建立有效的风险报告机制，督促出台控制措施，确保将风险扼杀在源头。

（4）围绕单位机构、人员的考评奖惩机制，强化内部审计成果应用。内部审计的一部分重要工作就是核查内控管理规范的有效性，这也是对单位各部门机构管理成效及质量的直接评估证据。此外，审计时不可避免地会核查从业人员是否有舞弊行为等，其结果也会成为从业人员考核、任免、奖惩的重要依据。因此，可将内部审计成果与单位年度机构考评、内部管理评价紧密结合，发挥审计成果激励奖惩作用，促进审计成果的应用落地。

（5）内部审计部门应加大与其他业务部门、管理部门之间的协作配合，加大审计成果管理的黏合度。在多部门协同工作基础上，要积极探索、创新作为，通过信息共享、成果共用、重要事项共同实施等工作机制，突破部门之间的壁垒，加大数据综合研判分析的能力，及时预警不同数据背后隐含的各种风险，推动制度完善和风险管控。

7.4.3 以风险文化营造为基础创造审计成果应用软环境

（1）加强对审计成果的总结和凝练，形成审计案例，以案例为模板强化警示教育，提升规矩意识，让单位所有业务人员、管理人员树立"不能违规、不愿违规"的底线思维，形成风清气正的审计工作环境。

（2）加强内部的交流与培训，提升从业人员的专业素养和能力。通过内部交流与培训，可以不断增加内部审计人员的知识储备，磨炼现有技能，提高审计能力及发现问题解决问题的生产力。此外，利用交流与培训中的研讨、讨论环节，可以发现业务人员、管理人员、监督人员对彼此业务环节的认知盲点、具体业务知识点需求、对项目执行过程的理解误区等，以供需双向传导、共同分析、消除歧义、达成共识的目的，减少因沟通不畅产生的分歧，营造良好的管理文化。

（3）重视人才的培养和教育。一方面，通过工作任务分配，以干带训，向从业人员宣贯工程管理中的红线，以及强调资源使用的适当性和项目管理人员的管理权限，加强从业人员的履职尽责意识，提升人员自我修养能力。另一方面，重视对业务人员、管理人员工作成绩的奖励，形成正向激励导向，保障基建类管理工作质量的改进和提升。

总之，单位内部审计部门应做好审计资料的深加工，对审计结果进行深层、多重开发，深入挖掘审计成果的附加值，促使审计成果运用及时落地，深化成果运用的高度、深度和广度，提升审计价值。

参 考 文 献

高雅青，李三喜. 2017a. 工程项目常见问题与防治案例分析. 北京：中国时代经济出版社.

高雅青，李三喜. 2017b. 工程项目全过程审计实务案例分析. 北京：中国时代经济出版社.

高雅青，李三喜. 2017c. 工程项目审计经典案例精选. 北京：中国时代经济出版社.

天职（北京）国际工程项目管理有限公司. 2013. 建设项目跟踪审计实务. 北京：中信出版社.

中天恒建设项目审计编写组. 2015. 建设项目审计操作案例分析. 北京：中国市场出版社.

后　记

对事业单位的内部审计人员来说，科学高效地开展针对小型基建业务的内部审计是一项非常具有挑战性的工作，主要困难在于小规模基建业务活动中表现出的多链条性、复杂性、专业性等特点，以及内部审计人员自身审计能力的局限性。本书主要依据科研院所体制下，从事过小规模基建业务审计人员的工作经历、数据及积累的工作经验，结合科研院所管理体制和工作机制，给出可实施审计监督的路径和指引，为科研院所内部审计人员开展相关工作提供参考。

本书相关工作得到中国科学院监督与审计局审计室的大力支持，其为完成本部著作提供了可贵的资金支持、人员支持和技术支持，在此深表谢意。同时，本书也得到中国科学院科技创新发展中心、中国科学院空天信息创新研究院、中国科学院青藏高原研究所给予项目管理和过程跟踪的支持，其提供了大量审计数据和审计流程，在此一并感谢。本书编写者认识有限，工作积累也不能面面俱到，内容难免存在偏颇瑕疵之处，欢迎大家监督指导，给出改进建议。

最后，感谢为本书付出辛苦劳动的编写人员、审校人员、技术支持人员，希望我们的付出和总结的成果能帮助大家化解工作中的疑问，启发工作思路，减轻工作负担。